十力
文化

圖解

# 理財幼幼班

## 數據迷思與投資情緒 2

法學博士
錢世傑——著

An Illustrated Guide to
Finance Managerment *2*
Dr. Jackie Chien

## 博士不是萬能的上帝

我國向來很重視學歷，尤其是政府官員總要有個博士背景，似乎才能證明他的專業。以經濟為例，即使博士代表專業，但研究領域也只是眾多經濟知識中的一點，難以解決經濟結構上的複雜議題。好比你取得了博士學位，研究主題是汽車輪胎抓地力，這一個專業知識領域在汽車的所有相關學識中只占了一小部分，並不代表你能設計出一台車。

《金融時報》首席經濟評論家馬丁‧沃夫（Martin Wolf）在探討正統經濟學的顛覆時，提到數十年來主導學界、塑造思想觀念的經濟學，已證實對預測、處理以至想像世界最先進經濟體80年來最大的金融災難毫無作用[1]。

台灣，或者是這整個世界對於專家過於期待，總是認為有這些專家的引路，就能讓我們走向無止境的繁榮。可惜事實上並非如此，2016年1月號《遠見雜誌》介紹了四位菜鳥土博士，發表了一篇論文並獲國際第二知名的頂尖期刊《Journal of Financial Economics》所介紹，該論文主題是「CEO的過度自信與金融風暴」（CEO overconfidence and financial crisis）以實證研究證明，過度自信的銀行CEO會在景氣榮景時寬鬆貸款條件，使呆帳比理性的銀行多1%（約3.3億美元），導致組織在經濟下滑時曝險[2]。

---

[1] 馬丁‧沃夫，《面對轉變與衝擊的年代》，第205頁。
[2] 〈四個菜鳥土博士，憑什麼登上頂級期刊？〉，http://www.yzu.edu.tw/index.php/content/view/10856/236/lang,tw/。

這篇論文使得台灣學術成就再度躍上了國際舞台，但這幾位教授就可以因此從政進而解決各種經濟問題嗎？恐怕還有一段距離，因為這一個研究，只是某個研究主題的某個片段，並且只抓取該片段進行實驗分析，研究結果只是大海中的一根針，很重要但也很片段。

台灣卻很吃博士這套，雖然我也是一位博士。

## 60%討論總體經濟分析內容

本書30%內容在探討進行投資理財運作時大腦的運行，前言約占10%的比例，分享如何快速學習、抓緊趨勢；第2章至第7章，共高達60%的總體經濟趨勢分析。總體經濟的核心，是從人口結構出發，並以國際專業人士的理論為基礎，透過在地化數據討論各種議題。

總體經濟分析章節內容如下：

❖ 第2章：少子化與高齡化。從未來少子化討論學校等會受到影響的產業；掌握高齡化社會的趨勢、退休機制破產的因應、獨居化的問題。

❖ 第3章：薪資走勢兩極化。探討中產階級消失、非典型就業問題、戶數五等分收入探討貧富不均的問題；從高級車的比例找出有錢人愈來愈有錢的現象，高等教育是否可以降低貧富差距等。

❖ 第4章：低薪。台灣的低薪現象為人所詬病，但問題到底為何？是人們對於薪資永遠不滿足？還是因為企業獲利能力降低、價值創造產業較少、三角貿易與派遣工、引進外勞、服務業崛起等因素，我們該如何面對競爭人才不斷流出，並討論產業補助的資源分配效益，以及基本工資。

## 30%討論行為經濟學與投資

傳統經濟學的假設是理性人，理性人的行為是理性與追求自利，且從這一個基礎出發並進而推論出經濟模型所預期的結果，但是這一項理性人的假設也被行為經濟學所挑戰而爭論多年。正如同哥白尼推翻地球是宇宙中心的地心說一樣，從地球是宇宙中心，或者是地球不是宇宙中心所延伸出來的研究結果，因基礎不同，結果必然南轅北轍。同樣地，人是否「理性」、「自利」，推導出來的經濟預測也必然會有差異。

就像愛情這件事很難有理性的結果。2005年，台北市街頭出現一幕相當驚險的場面，一名毒販先砍殺岳父母後挾持自己幼女，並在街頭開車衝撞，最後被捕。這起案件也讓一樁家庭悲劇曝光，嫌犯的妻子曾是他的辯護律師，因為打官司雙方陷入熱戀而結婚[3]。這是一樁

---

[3] 〈愛錯人！毒販挾女律師妻子首度曝光〉，http://news.tvbs.com.tw/old-news.html?nid＝452047。

很讓人納悶的愛情故事，理性的律師愛上了毒販，旁人均無法瞭解為何會有這樣子的結果，但愛情就是這樣子，很難用理性進行利益衡量或以企業常用的SWOT進行分析，一切都是那麼沒有道理。

同樣地，投資也是這麼一回事情，很多投資人總是能說出一番道理，但在實際操作上卻很難成功。看起來很簡單，只要扎實訓練個幾年，就能成為投資知識高手。但市場上滿坑滿谷的投資知識高手，卻很少人能成為投資獲利高手，這裡面一定有些問題？

這幾年下來，我蒐集分析、也做了很多實證，希望能夠瞭解大腦運作的奧妙，瞭解投資知識高手與投資獲利高手兩者之間的鴻溝到底是什麼。筆者博士論文研究的是法律經濟學，在某一年造訪日本書店，又接觸到了行為經濟學，不斷地閱讀也著迷於人性的這個領域。再加上自己經營法律知識這塊領域多年，為了讓自己能記得更多法律知識，於是研究了以大腦運作為基礎的記憶法。

探索行為經濟學與記憶法的交錯過程，才發現很多問題是演化過程所造成大腦運作瑕疵的結果，當然包括投資無法獲利的窘境。總之，占本書30%的最後一章內容是從行為經濟學出發，認為大腦運作的知識是強化投資心理修練的重要關鍵，最大的敵人不是市場，而是如何控制自己的不理性行為，才能選擇最大獲益的操作方式，像是不要頻繁地操作，不要傻傻地受到眾人過熱的投資氣氛而影響，都是本書強調的重點。

中華民國106年2月10日

# 目 錄
CONTENTS

# Chapter 4 低薪

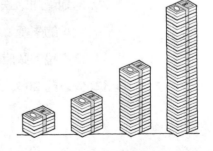

# 目 錄
CONTENTS

# 1 高速學習、抓緊趨勢
## 的時代

# 如何内化書中的知識

## 》「再次發現」的學習過程

周遭有許多朋友的閱讀速度很慢，有時候一本書要花超過一個月的時間才能看完，讓我都不禁懷疑這些人怎麼唸那麼慢，可能有閱讀障礙，如果是輕微的症狀，必須要找方法解決。筆者之前的著作《理財幼幼班：慢賺的修練》，還特別花了一些篇幅介紹如何提升閱讀的效率，畢竟快速吸收知識是在這個資訊爆炸時代的基本技能。

當你閱讀速度夠快，還能跟別人比閱讀量，在一週一本，或者是一年一百本的大量閱讀後，你有無反思一件事情，看了這麼多書是否學到了什麼？有沒有提升了自己什麼能力？或者就只是一種閱讀「數字」的達成。因此，當閱讀速度增加之後，如何進一步讓書本中的知識內化？

最有效的方法之一，就是「分享」。

如果找不到朋友分享，或者是個性上很害羞，「寫下來」也是分享的模式之一，通常寫下來可以再細分成兩個階段來進行：

第一個階段：製作成簡報檔。

第二個階段：將心得描述成文字，寫在 Word 檔中。

例如當我看到一篇談論營收、庫存與現金流量表之間關聯性的文章，我會抓出重點，並結合實際案例；當然書中通常會介紹某公司案例，「尋找書中引用的案例」是一個重要的「確認」過程，好比是電影「國家寶藏」中，跟著一點一滴的線索，逐漸找到失傳已久的寶

藏。其實是否找到寶藏已經不太重要，重要的是尋找的過程。

「再次發現」的過程，代表你並不是純粹接收，而是有真正思考。像是有一次看到新聞提到「海外生產比」即將突破六成，讓我嚇了一跳，怎麼那麼高？順著新聞查看了一下海外生產比的概念、趨勢，然後再與之前研究的低薪議題相比較；結果，海外生產比可以反推算出國內生產比的比例，搭配「外銷訂單金額」後，可以算出國內生產比的金額，此一金額可以作為分析國內勞動需求增減的參考指標。

「再次發現」的過程，代表自己去做一次，透過尋找的過程可以建立自己搜尋資料的能力，這一點很重要。

再舉開車的例子，如果各位有開車的經驗，在車上安裝衛星定位系統（GPS）很便利，可是卻會造成過度依賴衛星定位阻礙自己思考，若是只靠衛星定位，儘管同樣的路走過三、四次，恐怕還是不知道該怎麼到達目的地。

## 別人帶著走一百次，還不如自己走一次。

《理財幼幼班：慢賺的修練》一書中提到一個大腦很重要的現象。艾默理大學（Emory University）神經經濟學（Neuroeconomics）研究團隊曾研究受試者面對一些情況時，會如何做出決定？若有專家在旁提出建議，大腦的反應是否會不同？

研究者在受測者面前安排一位自稱具有專業背景的專家，對於受試者的決定從旁提出意見，結果發現受試者大多傾向於以此建議作為決策依據。本研究也對受試者的神經活動進行掃描分析，發現當有專家提出意見時，受試者的大腦神經活動並無明顯變化，只有在專家沒

有提出建議時，大腦才有明顯的變化[4]。

　　簡單來說，如果判斷外在資源是可信度高時，大腦就會停止思考以避免消耗能量[5]。這篇論文的標題用了「Offloads」（卸載）這個詞，意思是說當專家來了，我就可以不用大腦，直接把大腦解安裝。

　　回到依靠衛星定位系統開車這件事情，自己思考怎麼開車到達目的地，與跟著衛星定位開車，大腦的運作方式並不相同，前者有充分的思考訓練，後者則只是接收指示，並且依據指示完成動作。對於衛星定位系統這類型的電腦智慧，應該把它設定為輔助系統，透過電腦的快速運算，作為自己決策的參考，人類的思考在某種程度上還是電腦所無法匹敵。同樣地，閱讀這件事情，透過案例的再搜尋，可以讓大腦獲得蒐集資料與思考的能力，如果只是單純看資料，恐怕對自己大腦思考力的幫助極小。

## 》自建知識庫

　　當你思考過書中的案例，代表有咀嚼過書中的知識，如果就此停了下來，沒有把咀嚼的資料整理起來，而大腦是善於遺忘的組織體，久了就忘了。在此，我誠摯地建議各位，把找到的案例分門別類整理成簡報檔，最好要有圖片，加上一些文字，還要註記這份資料的來源，以利未來有需要再看一次的時候可以找到資料。

　　通常製作簡報檔的資訊量會很大，因為筆者本身在大學有兼課，

---

[4]　New Study Finds Financial Advice Causes "Off-Loading" in the Brain，http://shared.web.emory.edu/emory/news/releases/2009/03/financial-advice-causes-off-loading-in-brain.html。論文：Expert Financial Advice Neurobiologically "Offloads" Financial Decision-Making under Risk：內容可連結http://www.ncbi.nlm.nih.gov/pmc/articles/PMC2655712/。相關新聞可參考：Given "Expert" Advice, Brains Shut Down，http://www.wired.com/2009/03/financebrain/。

[5]　《不失算的大腦除錯術》，第193-194頁。

會把與課程相關的優質內容分享給學生聽，試講一下以測試學生對教材的反應，有哪些內容在講述過程並不清楚，講完之後會再補充資料上去。以筆者個人的速度與經驗，一年大約可以增加1,500頁簡報檔以上。

最後則是「練習寫成文字」。

在心理學上有所謂的「表達書寫」（Eexpressive Writing）的概念[6]，思考是天馬行空、沒有組織架構，要把腦中想到的事情寫下存檔，有如分享的過程，會經過分類、構思，與尋求最佳呈現的模式，透過檔案名稱與目錄的建立，可以將知識有效分類；此外，寫下來的內容，通常會比思考的方式描述得更詳細，而且透過文字不斷地精煉，逐漸達成邏輯思考合理化的目標，對於釐清主題式的理財知識，有非常大的幫助。

字數方面不需要多，現代人很忙碌，不太願意在有限的閒暇時間完成過度繁重的工作，因此可以設定在600～2,000字之間，像是個人所寫的專欄，資方僅要求1,000字，但寫習慣了，速度非常快，最後通常會高達2,000～3,000字，這樣的字數對習慣透過手機閱讀的民眾而言，並不容易閱讀。

只是有時候也會覺得很累，自己面對一個檔案一直寫，就如同單獨禁閉一樣，會很沉悶無趣。通常筆者會把一段文字張貼到相關群組中，可以獲得一些反饋，更棒的是，還有很多朋友會給你寶貴的意見，讓你再次將所撰寫的內容昇華，最後再結合反饋意見的內容修改存檔。

---

[6] Expressive Writing，https://www.psychologytoday.com/blog/write-yourself-well/201208/expressive-writing。

## 》註解清楚的書

　　我喜歡在書店看書，書本捧在手心的感覺，比看電腦或手機螢幕中的資料更有著書香的氣質。由於看書的速度很快，有一次我站在書店翻閱了 30 分鐘就把這本書的重點抓出來，並抄寫在筆記本上。看到這邊，一定有人會想怎麼不直接買回去慢慢看？

　　實際上這是利用人性的弱點來提升效能。當人們把書買回家，好似有很寬裕的時間可以把書看完，但很神奇的一件事，擺著擺著就變成了書債，也許過了好幾年都還沒看完，只剩下把書集結起來拍照，傳到臉書上比誰的書多的功能。

　　因此，我會要求自己在書店把書看完，由於時間有限，所以會很專心，效率也大大提高，就好像是考試前一天臨時抱佛腳一樣，如果不好好唸書，明天考試就慘了。把書翻閱到一定的程度，大概就知道這本書是否值得購買，不會因為書名取得好而買，省下不少錢。

　　哪些書是好書呢？

　　對於喜歡跟隨作者分析實例思考的我，特別喜歡註解清楚的書，尤其是每一章節都有註解的書，最好還能知道某一段文字的資料來源是引用哪篇文章。所謂註解，就是這一章節內容引經據典的依據，都很清楚地整理在同頁或章結的最後頁，包括相關統計數據，其他學者的論文，或者是專書等，這些資料對於深度閱讀都有很大的幫助。

　　每一個註解若能對應到某一段文字，這樣子的書我最喜歡。如果對於那份原始文件有興趣，會先用 Google 搜尋一下，看看網路上有沒有原文資料。如果是研究論文，會看看原始的研究如何做，畢竟書只能呈現與書名有關的重點內容，許多實驗的精華往往被犧牲。若能找到原始論文檔案，對於知識的廣度會更有幫助，不過很多書只是點

到為止,有時候只提到這一段文字是引用自某位學者的文章,然後什麼線索都沒有,要找這筆資料就很麻煩。

還好這是一個科技的時代,Google搜尋的功能相當強大,尤其是它還有一個不錯的功能,稱之Google Scholar,專門搜尋學術資料;找到的論文,還能顯示後續引用本文的研究者,對無法進入昂貴的學術資料庫系統查詢的一般民眾而言,這是一個不錯的網路資源。

舉個例子,閱讀泰勒‧柯文的《再見,平庸世代》一書,提到麻省理工學院的David Autor有提出「勞力市場兩極化」,描述勞工日益分成兩大陣營,一邊在就業市場很吃香,另一邊則處處碰壁[7]。但這樣子的描述並不清楚,不知道是不是翻譯的關係,有沒有其他寶貴的內容沒有寫出來,無法據此衍生分析國內是否擁有類似情形,所以找到原始研究資料就很重要,以下示範如何找資料。

首先有幾個關鍵字,David Autor,MIT,通常學校老師都有個人專屬網頁,寫過哪些文章也會清楚列出,當時找的過程如下:

1. 輸入David Autor,並進入其個人網頁中有關論文的部分。

---

[7] 泰勒‧柯文,《再見,平庸世代》,第56頁。

2. 閱讀本段落前後文，推估是引述David Autor2013年底以前的文章，2014年以後的文章就可以先過濾掉；或者是搜尋2013，總共有6篇文章。

---

**The China Syndrome: Local Labor Market Effects of Import Competition in the United States**
David Autor, David Dorn, and Gordon Hanson
*American Economic Review*, 2013, 103(6): 2121–2168

**The Growth of Low-Skill Service Jobs and the Polarization of the U.S. Labor Market**
David Autor and David Dorn
*American Economic Review*, 2013, 103(5), 1553–1597

**Wayward Sons: The Emerging Gender Gap in Labor Markets and Education**
David Autor and Melanie Wasserman
March 2013, *Third Way*

**The Geography of Trade and Technology Shocks in the United States**
David Autor, David Dorn, Gordon Hanson
*American Economic Review Papers and Proceedings*, 2013, 103(3), 220-225.

**Putting Tasks to the Test: Human Capital, Job Tasks and Wages**
David Autor and Michael Handel
*Journal of Labor Economics*, 2013, 31(2, pt.2), S59-S96.

**The "Task Approach" to Labor Markets: An Overview**
David H. Autor
*Journal for Labour Market Research*, 2013, February, 1-15.

---

3. 找相關的關鍵字，例如勞工：Labor、低階：不清楚、兩極化：不清楚。

4. 最後找到一篇文章：The Growth of Low-Skill Service Jobs and the Polarization of the U.S. Labor Market，看到Low-Skill，應該就是書中談到的低階；另外再去查Polarization是兩極化的意思，那應該就是這一篇文章了。

此外，也可以透過Google Scholar來搜尋，以下介紹如何找到相關資料：

1. 連上Google Scholar，並輸入David Autor。

2. 發現David Autor有專屬區塊。

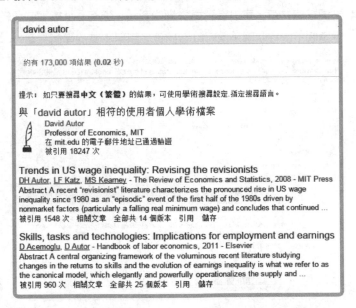

3. 搜尋網頁關鍵字「2013」，即可找到相關文章。

4. 點選該篇文章，可以看到更詳細的資料，還有pdf檔案的連結。
點選底下的柱狀圖，還可以看到更多引用本文的學術文章。

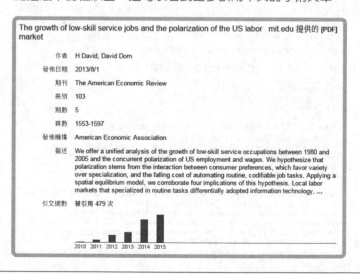

　　註解可以帶給我們不同的資訊，得以深化閱讀，可以知道許多書本以外的資料，甚至還可以跳脫出作者的框架進行更廣的思考。即使沒有註解，但只要是書中的關鍵字都可以成為找資料的線索，找到本書引用的文章也是一種不錯的成就感。

< 本 書 建 議 >

1. 可以試著學習分析書中的案例，看看是否能夠產生與書中分析一樣或其他突破性的結果。
2. 利用心理學「表達書寫」的概念，將大腦混亂的知識，透過書寫成有體系的概念。並將書寫內容分享到臉書或 Line 群組中，透過其他人的回饋來修正內容。
3. 歡迎加入我的 Line 群組：m36030。
4. 透過註解的資訊，找出更多延伸性的研究論文、書籍進行更廣泛、更深化的閱讀。

# 2 │ 從實驗理論到 生活應用

## 》把實驗變成故事的趨勢

近幾年來，市場上很流行一些把複雜的研究成果轉變成輕鬆易懂的通俗書，個人很欣賞的丹‧艾瑞利教授，出版過如《誰說人是理性的》、《誰說人是誠實的》等膾炙人口的好書，在國內也都是暢銷著作。

丹‧艾瑞利，是杜克大學行為經濟學的教授，之所以覺得他的書寫得很好，原因很簡單：能把複雜的實驗過程，以接近於說故事的模式分享給一般民眾，讓人們瞭解到許多事情並不是表面所呈現的樣子，人們必須要重建自己的思維，才能夠解決許多周遭的問題。這些國際間知名的學者，紛紛出了許多書，透過知識簡單化的過程，讓學術殿堂的知識走了出來，更重要的一件事情，版稅也可以充盈他們的口袋。

丹‧艾瑞利教授曾經做過一個名為「The Heat of the Moment: The Effect of Sexual Arousal on Sexual Decision Making」的研究，中文姑且翻為「興奮之際：性刺激對於性決定的影響」。此一研究的內容還蠻特殊的，要求受測者自慰到接近高潮（suborgasmic）的狀況，然後與沒有自慰的受測者相比較，看看是否會影響對於特定問題的決策能力。

有些測驗問題的內容即便比較不道德，受測者居然會因為性興奮被啟動，有更高比例的人都能接受不道德的選項，例如你能否想像被

12歲的女孩所吸引？（被啟動者高達46%選擇願意，遠高於未被啟動的23%），其他像是與60歲女人、男人、極度肥胖的人做愛，將性愛對象綁起來，選擇願意的比例都明顯的升高。

這個實驗還有一些過度逾越道德尺度的驚人問題，像是你願意說愛對方以提高與對方做愛的機會嗎？是否願意勸說對方喝酒以提高彼此做愛的機會？即使對方拒絕，你仍然持續地設法想與對方做愛？你是否願意下藥以提高對方與你做愛的機會？毫無疑問，性慾被啟動時選擇願意者一樣是大幅度地成長。

所以，這項研究發現：性興奮不僅導致高風險的性行為，也會讓自己做出一些不明智的決定，更會使動機變得狹隘，其他和滿足性慾無關的動機都黯然失色，只要性愛，其餘免談[8]。

## 》世界的變化遠大於實驗室環境

研究人員的實驗結果常常給我們一些啟發，但我們必須要注意一件事情，這些實驗是在控制條件下所為，實際社會生活的環境變化更大，例如吃大量米食會讓人變胖，但有些人吃了飯卻未必發生變胖的結果，可能是他的胃消化不良，或者是他生了其他的疾病。

所以在實驗室的環境下，控制了許多變動因素，只探究A與B之間的關聯性或因果關係，很可能在多變的真實世界中，就不會發生類似的結果。

如同我們從研究論文中得到了一個結論，增資會讓股價下跌，如果你相信了這個研究結論，然後就放空增資的股票，很可能會被軋空，因為股價是會受到很多因素而變化，增資只是其中一項。這一個

---

[8] 《消費行為之前的心理學》，第111頁。The Heat of the Moment: The Effect of Sexual Arousal on Sexual Decision Making，http://people.duke.edu/~dandan/Papers/PI/Heat_of_Moment.pdf。

基本概念是我們必須要注意的，否則聽信愈多實驗結果，可能會發生愈多決策上的錯誤。

丹・艾瑞利教授與其他教授共同做了一個名牌眼鏡的實驗。在實驗中，各組使用的眼鏡都是真的名牌，但有一組成員卻被告知是假的（裝眼鏡的箱子上寫著仿冒太陽眼鏡），首先給受測者體驗一下眼鏡鏡片的品質，會讓他們到走廊上去走走。結束後，進行到第二項實驗，受測者要回答類似智力測驗的題目，而且大多很難做完，每答對一題可以得到0.5美元的獎勵。

答題完後，要將試卷放進回收箱，然後在另外一張答案卷上寫下分數。這時候受測者會以為考卷回收後，研究單位並無法知道你的實際成績，受測者在答案卷上會不會多報分數呢？（實際上研究單位完整地掌握受測者的成績）

結果很有趣：

1. 知道自己戴正品太陽眼鏡的受測者，有30%會作弊。
2. 誤以為自己戴仿品太陽眼鏡那一組，有高達74%誇大了自己的分數。

後來還有延續性的實驗，到底是戴上正品對自己發送正面的訊號，還是因為戴上仿的而對自己發送負面的訊號？接著研究團隊再找了100名女生，但這次不告訴他們這些太陽眼鏡是真的還是假的，這次算是「沒有資訊組」，作弊比例則是42%。

實驗告訴我們，認為自己戴的是仿的太陽眼鏡，明顯地會讓受測者不誠實。但是認為自己戴的是正品太陽眼鏡，與不知道是真是假的差距不會太大，並沒有辦法確認戴正品太陽眼鏡是否會導致比較誠實的結果[9]。

---

[9] Dan Ariely，《誰說人是誠實的》，第162-163頁。Francesca Gino，《為什麼我們的決定常出錯？》，第18-19頁。

　　總之，實驗結果並不能解決所有的問題，可能只有解決十個問題中的三個，所以當我們看了這些將複雜實驗簡單化的市場書，要知道這些實驗很有趣，但是否能應用到現實社會中還是有其限制性。

　　很多朋友常問我為何不上網看盜版的影片？

　　很簡單，借用丹・艾瑞利的實驗結果，答案是因為看盜版的影片會讓我行為偏差。

< 本 書 建 議 >

1. 我們雖然不是實驗者，但可以擔任實驗研究的蒐集者，以及實際體驗的測試者，並將測試結果分享給一般民眾。

2. 實驗是在控制條件下進行，因此實驗的結果是否能應用在實際社會中，還要持保留的態度。

# 3 | 不必擔心學費的線上學習時代

## 》Coursera免費課程效益差

以前想要出國留學一兩年，百來萬元的花費是跑不掉。早期世界經濟高速成長，美國開放許多名額讓我國優秀學子前往就讀，但是台灣許多家庭經濟狀況不是很好，如果沒考上公費留學考試，就必須爭取國外大學所提供的獎學金，才有能力前往美國就讀。

即便到了美國，也必須要找時間打工賺取學費與生活費，否則得要家境富裕，可以資助每年上百萬的金額，否則出國唸書真的只是一個夢想。

時至今日，網路時代的學習已經更多樣化，像這幾年快速興起的知名網路學習課程網站Coursera，目標是改革教育，縮短真正需要、想要接受高等教育的人，和已經擁有高等教育者之間的落差。例如史丹佛大學投資了數百萬美金，免費線上開放許多大學課程，只要你能夠上網、註冊完畢，就能看這些影片。完成課程後，有些課程還可以選擇付費頒發證書或是文憑，與美國大學的學費相比，價格跟免費也差不了多少。

這麼好的理念，內容都是美國名校的課程，學習率一定非常高。但是經過研究分析，結果卻令人失望，數百萬的註冊人中，只有4%的學生完成課程。分析使用者的背景後，更發現真正有定期使用這個資源的所有使用者中，80%已經有一個學位；多數來自已開發國家，大多數來自於國際大城市，有穩定且成功的工作和學位，下班後

仍每天上這些課程[10]。

　　人是一種沒受到驅策就不會前進的動物。曾經送書給同事，心想自己寫的書還不錯，不必花錢就可以拿到我的贈書，應該是會好好閱讀。等到這位同事調走了，空空的辦公桌抽屜中，居然還留下當年致贈的書籍，完全沒有翻過的痕跡。一本受贈者沒有興趣，也不是自己花錢買的書，容易淪為「書架孤兒」的下場。

　　有一段時間，私下「免費」提供一些朋友刑事訴訟法的課程，開了三次，每次都只來一位，而且還是同一位。後來受邀上一些其他人舉辦的付費課程，費用對於考生而言應該不算低，但卻是滿滿一堆朋友報名參加。讓我開始思考，「免費」或許是學習的障礙，或者是市場上免費課程都不是真正的免費，心中對於免費的課程會產生排斥感。

　　無論是哪一種原因，付費課程能帶來學員的尊重。

## 》有需求才有學習

　　還有什麼原因讓免費或低價的 Coursera 課程無法達成原本的良善美意？個人認為關鍵在於學習者的實際需求。十幾年來，在大學講授法律課程的經驗，學生總是愛學不學，即使我的口才非常好，但總是抵不過手機的誘惑。畢竟學了無法馬上用，法律的學習過程也不是都那麼有趣，生活單純、欠缺實際官司需求的學生，當然難以促進學習的動力。

---

[10] 〈是自己不長進，還是資源分配不公平？〉
http://www.businessweekly.com.tw/KBlogArticle.aspx?ID＝10162&pnumber＝2。

　　平常上課心思幾乎不在課堂上，只是怕被點到名而勉強來上課，這一種學生占九成以上，有時候還懷疑是不是所有學生都想要來混個學分。某位曾經在我的課堂一直坐在最後一排的女學生，在一次下課正準備喝茶休息片刻時，走到教學電腦桌的前面，低聲地跟我說：「老師，我有問題想要問一下。」

　　看著眼前俏麗的小姑娘，眼神充滿著惶恐不安，點了點頭暗示她說下去。一聽，原來是車禍事件；既然有實際案例發生，有了需求就有聽眾，但車禍是學生最常詢問的問題，下課時間單獨講給這位女生聽，有點浪費了，於是請她下一堂課好好聽，會在下一堂課講授車禍法律與相關處理流程。

　　果然，下一堂課這位小姑娘坐到了第二排，還拿起了筆記準備詳細聆聽，與之前上課心不在焉的樣子，簡直判若兩人啊！只是當聽完了這堂課，下一堂課講授與她需求無關的課程時，這位同學再度回到最後一排恍神去了。法律，真的是需求性的課程。有需求，怎麼樣都想要上；沒需求，刀子架在脖子上也不想上。

　　即使課程都是頂尖，還是無法讓人有學習的動力。我們天真地以為每個人都有學習的動力，結果卻令人沮喪，單純提供免費的學習資源，並無法提升人們改變自己的動力，進而降低貧富差距。因此，最重要的應該是創造動機，並且有紀律地執行。

　　例如，很多人學習投資理財總是一拖再拖，心裡想明天再來學習即可，但拖了一天又一天，已經天荒地老還沒開始學習。筆者建議可以利用試算表，算出現在的薪水與所累積的財富是否會在退休後快速用鑿，激發自己的需求性，才能轉換成學習的動力。

　　Coursera的課程即使不用繳學費或低額的學費，效果依然很差。如同泰勒‧柯文於《再見，平庸世代》一書中論及不斷繼續深造

的議題，提到：將來的重點，不再是家長有沒有能力負擔哈佛的學費，而是在於誰有定力坐下來好好學習，熟悉教材[11]。

<（本）（書）（建）（議）>

1. 支付一些合理的費用，才能促成自己的學習動機。
2. 找出自己的學習需求，有了明確的學習目標才能讓自己持續產生學習動機。

---

[11] 泰勒‧柯文，《再見，平庸世代》，第219頁。

# 4 | 抓對趨勢

## 》數據是基礎

許多人都是憑「感覺」來判斷股票漲跌與未來方向,一般稱之為「直覺」。直覺是一種人類演化過程中,為了求生存而發展出來的機制,畢竟在野外求生存,可能跳出來一隻兇猛的老虎要來啃食你的肉體,此時「思考」變得多餘,必須透過直覺直接進行反應——立刻跳開、轉頭逃跑,才有可能保住性命。

隨著科技的演變,世界更加複雜,單靠直覺可能會導致錯誤的結果,因此必須要訓練自己的大腦新增判斷模組,像是騎腳踏車模組、技術分析模組,有了正確的訓練之後,才有可能快速判斷出正確的結果。

趨勢也是一樣,很多人說未來會怎麼樣,依賴的是過去的知識與經驗,但世界是變動的,如何判斷出正確的未來,就必須觀察數據中的變化。這幾年來政府開放許多數據,全世界又透過網路而串連在一起,對於各地發生的變化,幾乎都可以輕鬆掌握。

掌握與分析數據,是抓對趨勢的基礎。

## 》機器人將取代你嗎?

常聽到一個問題:「我該從事什麼行業呢?」

如果你最想要找的工作是行政工作,可能代表自己欠缺一項專業,企業將以機器人取代大量人工,像是ATM取代了櫃檯人員,便

利商店的點餐機取代了最基層的員工，鴻海集團正在打造的機器人大軍，而擔任行政職的你將很容易被機器人所取代。

試想看看，手機app還有行動秘書的功能，只要下載適合的app，高檔、低價的「行動秘書」如影隨形，以後秘書工作的需求量將大幅度降低，但是想要擔任秘書工作的求職者（供給量）不會少，還會有多少機會等著你呢？

羅賓・韓森曾經寫過一篇論文「機器智能帶來的經濟成長」，研究模型發現機器智能出現後，工資還要上漲好一段時間，因為需要許多人來操作與製造機器；隨著機器智能逐漸取代人類的工作後，最後工資才顯著地下跌[12]。因此，我們還有一些時間可以喘口氣，人機合體的時代將維持一段時間。

由日本野村綜合研究所研究員若尾由美，以及牛津大學教授Michael Osborne所共同完成的研究報告指出，日本境內約49%以人力為主的工作預計在10～20年後將由機器人取代。雖然可望填補日本人口減少導致的勞動力缺口，但也可能嚴重破壞職業選擇的多樣性[13]。我國勞動人口崩跌中，未來也必須靠機器人來填補之。

研究報告針對超過601種職業特性分析，發現許多高重複性、可藉由自動化系統取代人力的職業多達49%，像是普通文書、司機、櫃檯服務、送貨人員、務農人力都有相當高的機會被機器人取代。

有主張新科技雖然會取代許多工作，但也會創造出更多的工作。於是人們往往有種謬論，認為只要找到無法取代人類的例子，就能駁斥新科技取代人類導致失業的結果。然而，想要顛覆一個產業，並不

---

[12] Robin Hanson，Economic Growth Given Machine Intelligence。
[13] 〈研究調查：日本49%職業20年後由機器人力取代〉，聯合新聞網；〈日本10～20年後，半數工作將被AI與機器人取代，你知道誰最危險嗎？〉http://www.storm.mg/article/77371。

需要取代該產業所有的工作飯碗，只要取代夠大的比例即可[14]。馬修‧巴洛斯在《全球趨勢大解密》一書中認為到底會不會創造更多的工作，沒有人確切知道答案，只是一份經濟合作發展組織研究報告的結果卻讓人沮喪，全球GDP縮減中，而有80%的勞力萎縮是新科技所造成。

周遭有哪一些正在快速進展的例子呢？

美國、中國大陸都已經開發了無人飛機，用來將貨品送達客戶手中，因此物流人員在未來將會逐漸地被取代。Google正發展無人汽車的技術，而且正在推進無人駕駛汽車的商業化，已經完成了超過100萬英里的行駛測試，目前測試狀況都不錯，雖然離實際營運還有一段時間，但可以預知在未來，司機這個行業必然會被取代一定的程度比例。

當然還有很多問題，像是安全標準的制定，以及發生意外時，責任由誰負責，開車的人（沒有人開車）？汽車所有權人？汽車製造商？這些問題將將成為非固定式線路（一般道路）無人駕駛正式運行的關鍵，如果是固定式線路無人駕駛，像是地鐵或高鐵，英國在未來的10年，計畫推出250列新款無人駕駛地鐵，並且逐步從無人固定式線路逐漸發展至非固定式線路[15]。

如果再搭配最近很熱門的「無人機」，「無人汽車」將取代部分近端送貨人力，而「無人機」則可以取代遠端送貨能力，也是Amazon繼倉儲中心執行訂單揀貨作業的橘色機器人之後，該公司

---

[14] 費德里科‧皮斯托諾，《機器人即將搶走你的工作》，第90頁。

[15] 〈倫敦將在10年內推出新型無人駕駛地鐵〉，http://www.bbc.com/ukchina/trad/uk_life/2014/10/141010_life_underground_designs。

未來發展的重點[16]；無人機目前只是補足運送能力的不足，但是未來將逐漸搭配無人汽車的發展，運送對象將逐漸往市中心移動，對於運送行業的人力需求將是一大打擊。

日本與台灣情況相似，人力不足，透過機器人來補足勞動力空缺，這是不得不走的趨勢。即便是在大陸地區，鴻海集團在大陸的事業也面臨到勞工的抗爭，即使沒有抗爭，跳樓的比例也不低；所以，透過機器人大軍的建置，未來降低人力需求，除了因應大陸人口結構老化潮流的來襲，對於經營來說也可以減少員工管理的困境。只是，這一個號稱必然的未來趨勢，我們一方面充滿了期待，但另外一方面又擔心受到傷害。

美國國防部先進研究計畫署（US Defense Advanced Research Projects Agency）2004年曾經推出「無人駕駛汽車大挑戰」的計畫，並且希望2015年地面部隊有三分之一的武力來自於無人駕駛車。只是這樣子的技術若順利成功，將會導致軍隊以外市場的重大影響，像是計程車司機或其他人的收入。當一項計畫著重於「效率」，即暗示「公平」並非核心。

政府在提出更多的研究經費，發展更高效率的科技的同時，如同小布希總統2006年曾提出「美國競爭力計畫」（American Competitiveness Initiative）時，寫道：「研究會為我們帶來報酬。」

當然，此一趨勢也要思考兩個問題。首先，我們必須要瞭解此一趨勢到底是為誰帶來了報酬呢？如同前述的鴻海企業，將會因為機器人大軍的建置而獲利，當然還有許多產業也有參與其中，我們必須抓

---

[16] Amazon buys army of robots，http://money.cnn.com/2012/03/20/technology/amazon-kiva-robots/。

緊這個浪潮的浪頭，並且參與背後的投資，分享趨勢帶來的果實。

其次，你是否會成為淹沒於這個趨勢的對象？台灣少子化，每年20萬的單齡人口，目前已經快要邁入職場，從現在開始的10年，都將是勞動力崩落年代。問題在於：人力崩落時代的你，機器人取而代之將會是趨勢，人們將只做一些不會被取代的工作，可是你現在的工作或就學的科系是否屬於可以被取代的呢？

## 》哪些工作不會被取代？

先來談一談教育吧！前面提到的Coursera，一個線上教育組織，可以免費看線上頂尖教育的課程，台灣現在也跟風，開設許多類似的開放性課程，尤其是基礎科目。試想看看，當台大免費在網路上開設會計學，對於其他學校教授會計學的教授，未來的工作可能會受到網路免費課程的取代。

因此，你必須要盤點自己的專業領域，計算一下市場供需狀況，舉個與筆者比較相關的例子，如果是教民法、刑法等主要科目，因為競爭者眾（供給多），如果現在的需求是100，在未來少子化、科系整併的未來趨勢下，160所學校如果整併為120所，需求將會減少25%變成75。參考下表，供給需求比將從10提高為13.33。

當供給沒有減少的時候，要找個兼任的職缺恐怕都是問題。

|  | 需求 | 未來需求 | 供給 | 現在供給需求比 | 未來比 |
|---|---|---|---|---|---|
| 熱門 | 100 | 75 | 1,000 | 10 | 13.33 |
| 冷門 | 5 | 3.75 | 10 | 2 | 2.67 |

筆者教授的「資訊法律」科目稍微冷門，雖然只是大學兼任，但也從來不缺兼任的學校，目前需求如果以5來看，遠低於民、刑法的100，但是供給也不多，大約只有10，所以目前的供給需求比是2；即便未來學校整併，使得需求變成3.75，供給需求比也依舊是2.67，與13.33相比，競爭壓力小很多。

如果不是特殊科目的教師，教師的供給量較大，但學生的需求量固定或未來將會降低，該怎麼辦呢？

可以參考一下補教界的歷史名師呂捷老師，因為教學特別生動活潑，讓學生有學習的興趣，創造出其他老師所無法帶來的學習效益，即使機器人出現，在市場上也較難被取代[17]。因為，教材會不斷修正，都必須要這些有幽默創意的老師，不斷地創造出更好的教材。

## 》律師也開始流浪！

以前律師錄取人數少，一般在幾十人之譜，考上律師就是高薪的保障。但是時至今日，每年大約10%的錄取率，也就是1年錄取上千位律師，相較於2007年，當時律師登錄大約是4,300人，現在已經翻倍了，大約是8,700人，未來更是嚴重。

現在的律師與總人口數高嗎？

相對於美國或其他國家，我國律師執照數與人口比，算是非常低，仍有很大的成長空間；換言之，未來此一趨勢如果不變，將逐漸變成成熟的競爭市場，而非早年隨便就能賺很多的工作。

---

[17] 呂捷，爆笑鎮壓法，https://youtu.be/B79q-wESaRE。

## 》競爭市場，收入暴減

以地方法院民事與刑事案件來計算（還有其他審級與行政、民事強執等為計算其中），現在的案件數參考過去委任律師的比例，可以接的案件數量大概只有1/3至1/2，也就是過去若能接14～20件案子，現在可能只有6件。若以每件6萬來計算，過去每年收入大約是84～120萬元，現在只剩下36萬元。（好壞落差很大）

未來10年，隨著律師人數快速增加，可能只剩下4件了，也就是24萬元。（競爭激烈，價格還會下殺）至於該怎麼辦呢？個人預估，未來將繼續大量增加律師人數，如同流浪教師一樣，當到一定程度的時候，考上律師的朋友自然會轉彎，找到自己未來的出路。

更糟糕的一件事情是律師還要面對機器人的競爭威脅，史丹佛大學學生Joshua Browder發明的DoNotPay聊天機器人，宣稱已經提出25萬件不合理開單案件上訴，成功上訴了16萬件，為使用者節省了超過200萬美元的罰款[18]。

機器人處理速度快，而且人工智慧可以有效率地在龐大資料庫中整合出有效率的判決資料，大大減少律師聘雇人力，未來可能是一位中等薪資律師搭配上機器人律師，極高薪的律師會逐漸減少。

< 本 書 建 議 >

生活在隨著科技快速演變的世界，唯有掌握與分析數據才能抓對趨勢，不被新時代拋在腦後。

---

[18] 〈全球首個律師機器人成功上訴16萬件違規停車爭議〉，
http://www.ithome.com.tw/news/106767。

# Chapter 2 少子化與高齡化

# 5 小心少子化襲擊的產業

## 》從 5.85 到 1.17

1960 年代台灣的生育率高達 5.585 人，有夠會生的，所以 1964 年就推行「兩個孩子恰恰好，一個孩子不嫌少」節育宣導，希望能藉此降低出生率，但推行了大約 15 年、到了 1970 年代，平均生育率依舊是 3.705 人。

| 年度（民國） | 總生育率 |
|---|---|
| 1961（50） | 5.585 |
| 1971（60） | 3.705 |
| 1981（70） | 2.455 |
| 1991（80） | 1.720 |
| 2001（90） | 1.400 |
| 2011（100） | 1.065 |
| 2014（103） | 1.165 |
| 2015（104） | 1.180 |

▲表 2-1

1979 年，出生人口達到單齡 42.3 萬的高峰。接著開始逐年下滑，1986 年（虎年）的時候，出生人口首度逼近 30 萬人，然後一直在 30 萬左右擺盪，直到 1998 年的小老虎年再次跌破 30 萬人，而且居然只有 27.1 萬人。

到了2008年，首度跌破了20萬，來到了19.8萬人，2010年的小老虎年，居然只剩下16.6萬人。隨著龍年的小回升，到現在的出生人口數都在19～21萬人之間徘徊。

少子化的問題影響很多元，像是勞動力人口的下滑，人口紅利將不存在。所謂人口紅利，我喜歡用「新鮮的肝」來比喻，新鮮的肝多，勞動力旺盛，產業自然就有前進的動力；反之，新鮮的肝少，自然無法有效推動產業火車。其次，流浪教師、大學倒閉潮與大學流浪教授，接著還有1950、60年代所生的小孩，現在已經是要退休或已經退休的年齡，但是「新鮮的肝」變少，繳稅養育老人的壓力比較重。凡此種種，都是少子化的負面效應，也是本章探討的重點。

## 》少子化風暴將襲擊大學

少子化與高齡化，將會造成世代的對立。（台灣不是最嚴重，但卻是全球惡化最嚴重的國家。）

過去因為師資教育培育制度的改變，快速增加的大量師資，使得現在培育出過多的國中、國小老師成為流浪教師，隨著單齡人口逐漸穩定走到20萬人上下，而且國小所承受的風暴已經差不多要過了，目前正在侵襲國中、高中，2016年，少子化更為嚴重的小老虎（生肖）首次突襲大學。

下表中，1998年的出生人口數大約是27.1萬人，這27.1萬也就是2016年成為大一新生的小老虎，讓人驚訝的一點，居然與前一年32.6萬人，大幅度相差5.5萬人，也就是說大學入學將受到第一波少子化的衝擊。

| 年度（民國） | 出生人口 | 年度（民國） | 出生人口 |
|---|---|---|---|
| 1998（87） | 271,450 | 2007（96） | 204,414 |
| 1999（88） | 283,661 | 2008（97） | 198,733 |
| 2000（89） | 305,312 | 2009（98） | 191,310 |
| 2001（90） | 260,354 | 2010（99） | 166,886 |
| 2002（91） | 247,530 | 2011（100） | 196,627 |
| 2003（92） | 227,070 | 2012（101） | 229,481 |
| 2004（93） | 216,419 | 2013（102） | 199,113 |
| 2005（94） | 205,854 | 2014（103） | 210,383 |
| 2006（95） | 204,459 | 2015（104） | 205,540 |

▲表2-2

讓我們繼續找其他數據來驗證，從「教育統計查詢網」查到的高三人數，過去7年間大多是在28.13萬人到29.02萬人之間小幅度擺盪，高低點不超過1萬人，但2015年的高三人數，只剩下26.86萬人。

再從「教育統計查詢網」查到國中小的人數資料，製作了圖2-1及表2-3之「大一人數預估」，據此來推估2016年以後的大一新生人數。（註：但因為國中小人數並不代表升大學的人數，所以請讀者著眼於人數的下跌幅度）

很明顯地，2016年是第一波下跌，差距人數高達2.57萬人。接著龍年讓各大學招生壓力可以稍稍喘息一下，然後在2020年，也就是5年後再來一波重擊，整個下滑人數高達約3.22萬人。

整體來說，比較2015～2025年的大一人口統計，發現讓人驚訝與擔憂的一件事情，2025年的大一新生入學人數，將比2015年少了36.6%，跌幅的速度恐怕將讓許多大學措手不及。

▲圖2-1 大一新生人數預估

| 學年別 | 大一人數預估 | 下滑人數 |
|---|---|---|
| 2015（104） | 313,610 | |
| 2016（105） | 287,861 | - 25,749 |
| 2017（106） | 271,307 | - 16,554 |
| 2018（107） | 285,334 | 14,027 |
| 2019（108） | 275,028 | - 10,306 |
| 2020（109） | 242,684 | - 32,164 |
| 2021（110） | 230,060 | - 12,804 |
| 2022（111） | 214,754 | - 15,306 |
| 2023（112） | 208,918 | - 5,836 |
| 2024（113） | 201,901 | - 7,017 |
| 2025（114） | 198,867 | - 3,034 |

▲表2-3 大一新生人數預估

## 》大學數量應該砍半嗎？

1949年政府遷台之初，台灣只有一所大學（即國立台灣大學）、三所獨立學院，一直到2000年計有大專校院135所，當時是1976至1982年出生人口超過40萬人的入學高峰期，學校快速成長有其人口結構上的需求；但在歷經幾年出生人口數大約在40萬高峰之後，隨即下滑，且下滑幅度驚人。

既然入學人口數下滑這麼迅速，學校總數是否應該減少呢？

很不幸地，答案是應該降低但卻沒有。

依據「教育統計查詢網」資料顯示，這幾年大學院校數目大約都在160所左右，相較於2000年的135所還增加了25所，即便2014年，高鳳數位內容學院吹了熄燈號，但整體淘汰速度還是過於緩慢。李誠先生所寫的「台灣的大學真的太多了嗎？」，提到新加坡才4所大學，大約125萬人才1所大學；香港7所大學，每100萬人1所大學，台灣2,300萬人，卻有160所大學，每14萬人即有1所大學[19]。此種大學數量過度膨脹的結果，實在讓人憂慮。

如前所述，未來的10年，學生人口數是2000年的一半左右，目前應該有的大專院校數，應該是80所，必須減少80所。或許這樣子計算太粗糙，許多學校不會倒，但許多科系必然停招。

這幾年來，個人觀察一些名校但冷門科系的在職專班，發現招生情況惡化嚴重，很多在職專班的「招生人數」遠遠大於「報名人數」，幾乎有報名就上。許多系所為了維持顏面，意思一下刪掉了一位報名的學生，讓「錄取人數」至少還小於「報名人數」。

---

[19] 參見《遠見雜誌》第2013年1月號。

但是，從去年的錄取公告發現，連那一名都不刪了，有來報名就錄取，反正有學生才不會讓研究所倒掉，此一小小的改變，也看到招生問題的惡化。依據未來學生人數更少的趨勢，在職專班的招生冷風必然吹向一般碩士班招收，即便是名校都必然出現系所整併或廢止的問題，更何況是一般非名校的大專院校。

## 》大學因應三招

筆者曾經在某校兼任老師，因為該校在排名上不是那麼前面，應該是說偏向於中段班，近幾年來招生當然也出現了困境；不但系所整併，開始跟著世俗之風潮，以休閒產業的系所為主，也為了生計明示暗示地要求老師不要當掉學生，因為學生被當掉了，跑到隔壁學校交學費，老師就沒有錢領薪水。

第一招，不要當掉學生。

接著第二招，不要考試，考試請自費。如果要印考卷，紙張與影印費用麻煩老師自行出資。筆者個人猜測此一制度的目的，應該是希望老師不要考期中考、期末考，因為學校現在招收的學生品質本來就不是頂好，考試的結果容易慘不忍睹。而當掉了學生，學生跑到隔壁學校交學費，那可不是一件好事。

第三招，聘用成本低廉的講師。

第一、二招是讓學校有一定學生數量的招數，勉強算是「開源」吧！當然還有「節流」，筆者是「助理教授」等級，比「講師」高一級，薪水沒有多很多，但卻發現已經成為學校不受歡迎的對象。各系所要聘用兼任助理教授，要專簽核准才可以，但比較便宜的講師就不必專簽了。

　　當然老師優秀與否與講師或助理教授並沒有絕對的關聯性，但對於不小心取得博士學位，好不容易升等到助理教授，應聘到大學擔任兼任助理教授，領取少少薪資的同時，卻還要由各系所專案簽准講個理由，時薪也只比講師多了大約100元，真是情何以堪啊！

　　當然這三招都只是治標，現在才正要面臨第二階段少子化的挑戰，也就是從單齡人口數30萬降到20萬的雲霄飛車大斜坡，大約有三成的學生數會在未來的10年內消失，2016年的小老虎入學年是一個重要轉折。

## 》小心成為流浪教授

　　面對此一趨勢，治標的方法只會讓自己學校體質更虛、更快倒閉。現在20歲的年輕人，如果想要取得博士學位找教職，唸完博士大約30歲，也就是10年後，是大學遭遇少子化風暴最慘烈的階段，即便學校數沒有少一半剩80間，少個40間也夠讓人頭暈的，如同前幾年國小國中流浪教師一樣，不管你多優秀，除非有特殊表現，要搶個大學教授的飯碗，可是難比登天。

　　教育，不是增加大學數量，而是真正能提升學校教學品質。因此減少學校，將有限資源集中在更有效益之處。

　　目前專任教師約4.87萬人、兼任4.62萬人、專任職員2.86萬人，共計12.35萬人，三分之一約4.12萬人。這些失業後的教授職員該怎麼辦？

　　一來位子有限，如同大風吹的遊戲一般，變成用搶的。搶，代表競爭，想想少子化一開始襲擊國小時，學校不敢開缺，每年新老師需求極少，相對而言，因為師資培育多元化的結果，使得供給量一直位處高檔，供需失衡自然充滿了流浪教師的哀愁，拖著裝滿教材的行李

箱，那種淒苦不足以為外人道矣。

撇開這些負面效應，少子化的學生將可以享有更多的大等教育資源，以1年40萬的單齡人口，逐漸變成1年30萬，以及即將到來的1年20萬，可以填到更好的學校，享受更多的資源。這是在眾多負面效應下，少數還可以自我安慰的正面效應。

〈 本 書 建 議 〉

1. 如果你以後以大學學術研究為目標，一定要有高度興趣，否則光找工作就磨光你的鬥志。
2. 大學數量應儘速降低，大學招生有困難的學校，學校的老師與員工都要有轉職的心理準備。

# 6 掌握高齡化社會的趨勢

## 》扶老比數據的惡化

接著我們要思考一下，台灣這片土地未來有什麼趨勢？

可以告訴你一件事情，高齡化的社會將會快速來臨，10年之後老人的比例將會大幅度升高。未來人口結構快速改變，有許多產業將會發生變動，我們不得不調整好自己的腳步。

但這個趨勢也非台灣獨有，馬克‧佛利德里希在其《史上最大搶案》一書中，引用世界銀行的報導，現行的所有退休金制度對「老年人」的承諾，未來無法全數給付。原因在於，老年人壽命延長而人數愈來愈多，我們需要更多的年輕下一代工作者來繳稅，才有錢給退休金，但年輕人卻愈來愈少。

馬修‧巴洛斯所著的《全球趨勢大解密》書中提到「老人膨脹」，2030年，經濟合作發展組織的成員國中，許多國家的人口有很高的比例超過65歲。台灣更是慘烈，而且國家經濟成長呈現下滑趨勢，年輕人低薪，整體繳稅的金額難以向上成長。再加上老年人壽命延長，而且貢獻甚少，無法賺錢繳稅自己養自己，這麼多因素夾雜在一起，不禁要問一句話：拿什麼來養這些老年人呢？

接下來讓我們透過「扶老比」來瞭解一下社會結構現況。

首先，讓我們先簡單地定義一些基本概念，「勞動人口」，指15歲至64歲的人數；「老年人口」，是指65歲以上老年人口之人數。接著我們再學習一個「扶老比」公式：

扶老比＝（老年人口數）／（勞動人口數）

依據國發會統計資料，1961年才4.8%（大約20人養一位老人），但到了2016年卻已經18%（大約5.6人養一位老人），2061年上升到75.6%（1.3人養一位老人）。

換個說法，假設養一位老人要花20,000元：

1961年 → 每人分擔1,000元

2016年 → 每人分擔3,571元

2061年 → 每人分擔15,385元

除了年輕人的負擔加重以外，如果單看老人占整體人口比例的成長，依據國發會所提出的人口推計報告，台灣65歲以上老年人口，占總人口比率如下：

| 年度 | 比例 |
|---|---|
| 2014年（民國103年） | 12.0% |
| 2021年（民國110年） | 16.9% |
| 2031年（民國120年） | 24.8% |
| 2041年（民國130年） | 31.1% |
| 2051年（民國140年） | 37.2% |
| 2061年（民國150年） | 41.0% |

▲表2-4

人口中41%都是65歲以上老人的社會是什麼感覺呢？走在路上都是老人，捷運車廂的座椅必須有一半是藍色的博愛座，將會有更多老公寓加蓋新式外掛電梯，醫院排滿了等著看病的老人。

老年經濟安全、健康照護等問題會越來越重要，而這就是台灣未來的重要趨勢[20]。這一個趨勢也不是台灣獨有的問題，無論是日本、香港、中國、南韓與歐美國家，老年人口比例都快速增加。

## 》2061年台灣社會的評估

高齡化、少子化的雙重負面效力影響下，相關社會保險、退休機制、年金制度、健保制度都會因為財政惡化而導致破產。而且在政黨惡鬥下，許多改革政策無法修正，民意代表又以替民眾少繳稅為選票的號召，屆時問題只會更惡化，如同大前研一對於日本人口老化問題之描述：「最糟糕的劇本就是『世代鬥爭』，年輕人拒付年金，不繳社會保險費，完全捨棄高齡者。小巷中到處都是三餐不濟的遊民老人，對將來不抱希望、喪失工作慾望的年輕人，鋌而走險四處犯罪。」[21]

我國的問題也不遑多讓，目前相較於其他國家，尤其是日本，惡化程度並沒有最嚴重，但是惡化的速度是最快速。國民黨在2016年提出的「我是五年級生」的競選廣告，這一個區間的五年級生，現在也大約是在50歲上下，當時平均出生人數大約是40萬，總人數大約400萬人，不可謂不多。這種競選廣告，打著跨世代的矛盾對立感，而未來類似的廣告、事件恐怕只會愈來愈多。

在這樣子的趨勢下，如果您現在50歲，2050年大約是在85歲左右（如果是30歲，則屆時大約是65歲），有一些數據你不能不知道：

---

[20] 中華民國人口推計，
https://www.ndc.gov.tw/Content_List.aspx?n＝84223C65B6F94D72。
[21] 大前研一，《M型社會》，第91頁。

①扶老比是 1.3：1
②扶養比＝ 98%[22]
③老人占總人口比＝ 41%
④年齡中位數 58.7 歲

最讓人訝異的一點，（老人＋幼年）與非老人的比例大約是 1:1，屆時最嚴重的問題是老人照顧的議題，除了要注意自己的口袋夠不夠深外，還有大家熟知的老人租屋問題，最重要的思考點則是誰來照顧你？

大家或許很好奇，雖然少子化，下一代忙於工作，無法照顧老一輩[23]，但還是可以聘請外勞來照顧，問題不就解決了嗎？如果那時候的東南亞國家經濟情況不好，而台灣很好，應該有外勞願意來；但是如果東南亞國家經濟情況變好，而台灣變差，必須要擔憂沒有外勞願意來台灣的時候，誰來照顧我們呢？

## 》獨居的問題

其次，還有「獨居」的問題。讓我們先看看次頁表中，有關列冊 65 歲以上一般老人的數字（除了一般老人，還有中低收入戶、榮民、原住民，但總數都在下降），還可以再細分為男性與女性：

---

[22] 扶養比＝（幼年人口＋老年人口）÷青壯年人口×100%

[23] 日本 NHK 曾推出一部紀錄片「無緣社會」，探討日本一年有 3 萬多件以獨居長者為主的「孤獨死」現象，此一紀錄片推出後震撼日本，讀者可上網搜尋相關資料。

| 年度 | 列冊一般老人 | 男 | 女 |
|------|------------|--------|--------|
| 2002 | 24,825 | 11,840 | 12,985 |
| 2003 | 25,640 | 11,747 | 13,893 |
| 2004 | 25,443 | 11,337 | 14,106 |
| 2005 | 25,265 | 10,901 | 14,364 |
| 2006 | 27,212 | 11,501 | 15,711 |
| 2007 | 27,898 | 11,173 | 16,725 |
| 2008 | 28,936 | 11,508 | 17,428 |
| 2009 | 30,622 | 12,195 | 18,427 |
| 2010 | 29,870 | 11,360 | 18,510 |
| 2011 | 30,885 | 11,752 | 19,133 |
| 2012 | 31,662 | 11,891 | 19,771 |
| 2013 | 33,565 | 12,829 | 20,736 |
| 2014 | 33,271 | 12,513 | 20,758 |
| 2015 | 33,490 | 12,233 | 21,257 |

▲表2-5

　　從列冊一般老人的男女總計人數來看（表2-5），2002年為24,825人，2015年則來到33,490人，整體增加了35%。但如果再往下細看，會發現男性增加幅度不高，僅有6%，但是女性卻高達60%，推測應該是與女性壽命較長的因素有關係。可以繪製曲線圖表如右頁（圖2-2）。

　　我國政府針對「獨居生活戶」亦有統計資料（圖2-3）。總戶數從1997年的620萬戶，一直到2015年的847萬戶，增長了1.37倍；但是其中的獨居生活戶，卻從131萬增長到268萬戶，增長了2.04

倍，占比從21%上升至32%，顯見獨居生活戶的成長速度較快。

如果再以男女性別比例來拆解「獨居生活戶」的結構（圖2-4），

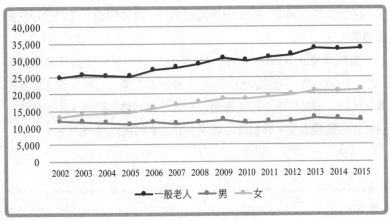

▲圖2-2 列冊獨居老人

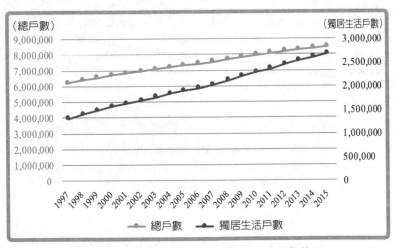

▲圖2-3 總戶數與獨居生活戶數成長趨勢

會發現男性為1,365,600戶（也可以說是人），女性則為1,310,400戶（人），從1997年至2015年，女性從57萬戶到131萬戶，男性從75萬戶到137萬戶，成長倍數分別是2.30與1.83；目前雖然男性獨居生活戶比女性還要多，但參考下圖的趨勢，女性獨居生活戶已經快要超過男性。

女性成長速度較快，估計可能與女性平均生存年齡較高有關係（女性大約83歲，男性大約77歲），雖然本文還未分析各個年齡層的獨居情況，但推估未來將不再是年輕人才會有獨居現象，年紀愈大，隨著伴侶離開人世，高齡獨居老婦人的社會將會成為一大主流。

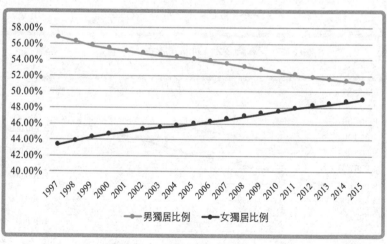

▲圖2-4　男、女獨居戶比例趨勢圖

## 》小家庭增多

參酌「戶量」的數據，也就是每戶人口數，發現數字愈來愈低。1992年每戶人口為3.88人，2002年每戶人口降至3.25人，2009年每戶人口跌破3人，來到2.96人，2016年還是持續降低，每戶人口來到2.75人。（參考下表）

| 年度 | 戶量 | 年度 | 戶量 | 年度 | 戶量 |
|---|---|---|---|---|---|
| 1992 | 3.88 | 2002 | 3.25 | 2012 | 2.85 |
| 1993 | 3.82 | 2003 | 3.21 | 2013 | 2.82 |
| 1994 | 3.75 | 2004 | 3.16 | 2014 | 2.80 |
| 1995 | 3.67 | 2005 | 3.12 | 2015 | 2.77 |
| 1996 | 3.57 | 2006 | 3.09 | 2016 | 2.75 |
| 1997 | 3.50 | 2007 | 3.06 | | |
| 1998 | 3.44 | 2008 | 3.01 | | |
| 1999 | 3.38 | 2009 | 2.96 | | |
| 2000 | 3.33 | 2010 | 2.92 | | |
| 2001 | 3.29 | 2011 | 2.88 | | |

▲表2-6

台灣小家庭的趨勢沒有改變，1992年總人口數2,080萬人，2016年已經來到2,354萬人，成長率13%；但是戶數則從536萬戶，來到856萬戶，成長高達60%。顯然人口增加，但拆解成更多戶數，小家庭、獨居的情況未來會更加嚴重。

這些現象發生的原因可能與結婚率低、少子化、離婚率高、高齡化、女性壽命較長等因素有關，再往上推導原因，除了第二次世界大

戰、國共內戰之戰後嬰兒潮的結構性因素，當然也應該與經濟成長減緩有關係。但無論關係為何，要提醒一件事情，老人照顧的議題很嚴重，現在的老人有人照顧，未來的老人恐怕沒有人照顧。

老人家其實很喜歡找人聊天訴說心情，在社會高齡化、獨居化的發展下，可以透過下列方式解決：

1. 整合現在多餘的蚊子館、過剩的大學空間，提供給老人集體居住的老人村，讓老人可以有一起生活、互相照顧、一起吃美食，也可以集體學習的場所。

2. 將老人的日間照護中心與托兒所相結合，讓一些老人參與社區托兒所的學習，不但能補充人力不足的窘況，還可以分享老人的智慧，以老人特有的耐心來照顧小孩，一舉數得。

## 》退休機制破產的解決模式

許多有志之士不斷地提醒民眾軍人退撫基金恐在 2019 年面臨破產，公、教人員的退撫基金將分別在 2028 年、2030 年出現虧損；勞保的部分，也預期在 2018 年首次出現當期保費收入不足給付，2027 年就會開始虧損。因為人口結構的急速轉變，使得當初規劃錯誤的退休相關機制的破產將不再是假設性的問題，而是確定性的問題，這種現象被戲稱為「龐氏騙局」，民眾繼續繳交一定的金額，但未來卻領不回來。

因應這個問題，有下列方法可以考量：

一、政府宣告「破產」

雖然國外也有破產的前例，像是美國底特律市政府宣告破產，經過重整後露出一線曙光，但因為各國地方政府體制不同，這個方法暫時不太可能發生在我國，所以先不予考慮。

二、減少支出

　　簡單來說，減少支出就是老人「少領退休金」或者是「延長退休年齡」。前者也很難達成，原因在於老人比例增加，代表老人掌控的「選票」也增加，為了勝選的候選人要採取剝奪老人福利的選舉政見，並不太可能；況且即使修法通過，基於「信賴保護原則」也會主張不溯及既往。

　　至於「延長退休年齡」比較有可能。目前公務人員領取月退休俸的年齡已經從「七五制」調整成「八五制」，所謂八五制就是退休年齡加上工作年資要超過八五。例如25歲開始擔任公職，55歲時工作年資是30年：

> 退休年齡 55 + 工作年資 30 = 85

　　如果是30歲開始擔任公職，55歲時僅工作25年，相加起來不過80，還沒有超過85，所以必須要58歲，工作28年，加起來86，已經超過85，才可以辦理退休，領取月退休俸。

　　55歲的退休年齡還是太早，參考我國「簡易生命表」與「平均餘命」的資料，民國初年因為戰爭，平均活不到40歲，隨著社會穩定發展、經濟快速起飛，以及醫療科技快速演變，我國人民愈活愈長壽，女性與男性大概分別可以活到82歲與76歲。如果60歲退休，勞動人口要養老人到80歲，負擔可以說是愈來愈重。

　　未來建議是從「八五制」再延後到「九〇制」或「九五制」。如果以「九五制」而言，依據「103年考選統計」，初等、高普考試大約30歲考上公職，則63歲時，工作滿33，加起來超過95，即可以領取月退休俸。

「九五制」夠嗎？未來既然是老人社會，平均年齡可能會活更久，因此「一百制」應該會出現，30歲考上公職，則65歲時，工作滿35，加起來剛好100，延後領取月退休的年齡，才可以減少政府負擔。

當然，還有一種KUSO的講法，知名行為經濟學家丹・艾瑞利所寫的《不理性敬上》對於如何才能讓美國民眾有充足的退休基金呢？提到的其中一個方法就是設法降低平均壽命，這絕對比多儲蓄簡單得多，像是可以讓大家抽菸，可以補助含糖或高熱量食物，可以限制預防保健的管道等等[24]。

當然這是反諷的講法，否則從這一點建議來看，台灣健保制度做得實在有待改進，未來可以推行各種更嚴苛的醫療門檻，讓民眾繳付更多的醫療費用，醫生領取更少的醫療給付，最好的情況是當人們想要找醫生的時候，卻沒有醫生，這時候民眾的壽命降低，可領取月退休金的年齡減少，國家財政困難的窘境就能解決許多。

日本電影「楢山節考」，改編自深澤七郎在1956年寫的同名小說，內容描述日本古代信州寒村山林內的棄老傳說，呈現出接近於原始弱肉強食的人類生活。由於環境非常窮苦，男人必須辛苦工作，女嬰一出生就賣給有錢人家以貼補家用，還有一個不成文的規定，老人家到了70歲的年紀，就要由家人背到深山野嶺等死。

劇中年已69歲的阿玲婆婆，身體雖然還很硬朗，但不想讓自己成為下一代的負擔，也不想讓下一代不捨得背她上山等死而受到族人恥笑，忍痛拿起石頭敲掉自己的牙齒，讓自己看起來蒼老一些。這一種劇情對受到「文明」影響已久的人們應該很難接受，但日本屬於超高齡老人社會，老人人口眾多，年輕人生活十分困難。電影看似非常

---

[24] 丹・艾瑞利，《不理性敬上》，第165頁。

荒謬不合人情，卻深刻地描繪出嚴苛的生存環境之下，自然界的殘酷生存法則，也引起日本社會的討論。

台灣的環境當然不至於這麼困苦，可是一個債務惡化的國家，在2061年老人加幼年與青壯年的比例將成為1：1，下一代還能養活這麼多的老年人嗎？老年人又該怎麼思考自己在社會中的價值，老年人與年輕人的關係，都只能等待時間來進行驗證。

三、增加收入

我國對於「引入外來人口」較為排斥，尤其是吸納對岸人才更會挑起政治上的敏感神經，因此想要透過引入外來人口來改善人口結構，解決稅收失衡的問題，恐怕也很困難；況且，別說引入外來人口，人才外流的速度恐怕更快，也更讓人擔憂。在歐洲難民潮發生之際，國內也有主張引進歐洲難民潮來解決國內人口結構的問題。

無論如何，引進外來人口的議題，恐怕吵個20年都沒有結論。萬不得已，政府的措施大概剩下「增加稅收」，像是近期的健保補充費、長照補充費、資產稅都是偏重於醫療健康、老人照護的問題，針對納稅人的業外收入、投資性收入等項目抽取一定比例的金額，作為健保、長照制度的重要資金來源。只是少子化、低薪化的趨勢，沒人沒錢，加稅也沒啥用啊！

問題在於這些偏向於老年人的福利政策，理應由老人以外的全民負擔，只是問題在於老人的比例大幅增加，造成難以承擔的壓力，這使得一個「老有所終」的政策必然引發反彈聲浪。所以，常聽到一些衝突的批判聲音，像是「老年人又不做事情，為什麼領這麼多？」、「以後我又享受不到，為什麼現在還要繳？」反之，也有一些老人的不滿聲浪出現「要不是我們（老年人），哪有今天繁榮的台灣社會？」、「這本來就是我辛苦多年應得的福利，為何要剝除掉？」

老人不願意退休金遭到刪減，年輕人也無法忍受繳過多的稅。

## 》老年人與年輕人該怎麼思考

### 一、即將退休的老人

我常常告訴即將退休的老年人，要為即將到來的退休做好準備，因為你未來可能領不到預期的錢。希臘破產危機，許多銀行不再讓民眾領錢，許多每月領取退休金的老人無法生活，坐在銀行外面痛哭的畫面，你我也許還記憶猶新，如果你繼續信任政府的承諾，下一位坐在銀行前面的老人，有可能就是你。

### 二、離退休還很久的年輕人

我也常常勸年輕的朋友，你們繳納的退休準備金，以後可能大多數無法領回，不要抱怨，就當作做善事，這也不是上一代的錯誤，而是戰爭、經濟結構轉換所產生的人口結構變化。

如果你早點認清這個現況，趕緊想辦法規劃自己退休的資金來源，也不必擔心太多。但是，如果到了退休的時候，才抱怨世界這麼不公平，那將不是世界的問題，而是你的問題。

### 三、高齡化社會的商機

高齡化時代的商機，例如健康、醫療輔具、家庭照顧、老人生活娛樂等項目，都是可以著手的目標。像是有開發老人宅、銷售老人尿布的企業股票，都可以逐漸分析該公司市場發展，如果本質不錯，可以逐步持有。

除了高齡化商機，還伴隨著獨居商機，尤其是女性獨居老人比例較高，可以觀察這些老人的生活重心為何，例如喜歡聽音樂，音樂學習課程就會成為退休老人進修首選，又如養寵物、美容、蔬果消費，應該也是女性退休生活的重心，還有像是唱卡拉OK，都可以逐步檢視市場需求，開始著手投資規劃。

1. 老年人應該要在人口結構轉變的同時，擔負起更大的責任，降低或放棄自己應享有的權利。

2.「世代對立」將是台灣第三個 50 年的代表文字，很多理所當然的福利未來可能都不見了，必須預先做好準備。

3. 高齡化時代的商機，例如健康、醫療、家庭照顧等項目，都是可以著手的目標。

4. 女性獨居老人比例較高，像是美容、寵物、卡拉 OK 等都是值得注意的商品領域。

# 7 | 階級對立

## 》中產階級消失中

薪資兩極化，將會造成階級的對立。

最簡單的方法就是買樂透，每個禮拜花個50元、100元去拼個手氣，賭賭人生的運氣，說不定幾天後資產就上億元了。只是這種機率很低，要有被雷打到的體認，不過就算真的被雷打到，也不一定會中樂透，不過有個希望總是一件好事情。

還有些朋友把問題的解決之道，寄望在未來出國工作，就能跳脫台灣低薪的環境。但在瞭解前述日本、美國等國家的狀況後，應該可以認清這是國際普遍存在的現況，源起於第二次世界大戰之後的人口急遽改變，解決方法並不是出國，如果想要以出走海外來解決問題，恐怕還是得遭遇到一樣的結果。

日本趨勢大師大前研一於2006年出版了「M型社會」一書，書中問讀者三個問題：

一、房貸對你的生活造成很大的壓力嗎（或是你根本不敢有購屋置產的念頭）？

二、你打算生兒育女嗎（或是你連結婚也不敢）？

三、孩子未來的教育費用讓你憂心忡忡嗎（或是你連生孩子也不敢）？

這三個問題，只要你有一個的答案是負面的，就代表不算是、不再是中產階級，富裕和安定的感覺愈來愈遠。以前是社會穩定力量的中產階級，目前也正逐漸地消失中。

## 》科技發展造成中低階勞工需求降低

經濟學人曾撰文表示1980、90年代，中等技能、中等薪資職業成長的速度比低階職業快，但大約到了2000年代初，大部分富有國家的勞動市場中，中階職業占比下滑，低階和高階職業占比上升[25]。文中也提到腳步較快的IT產業，高階員工需求成長快，中階員工的需求衰退也快。

筆者有資訊管理之背景，也在資訊管理科系任教，對於資訊產業的認識也比較容易抓準趨勢，在智慧型手機開始盛行的年代，app逐漸成為風潮，當時就趕緊建議學生發展相關領域。過了大概3年，進入此一領域者眾，雖然市場也在快速膨脹，但個人就不太建議繼續走這一個領域，反而看到big data的發展，也建議有興趣的學生開始研究此一領域的技術。

無論是app或big data的領域，或者是機器人、虛擬實境等領域，需要的都是較高階的員工，給予的薪資也往往讓人滿意，當然中階的設計師還是有其需求，只是因為競爭者眾，所能換得的薪資就不是那麼好，而這兩個領域所需要的低技術勞力較少。

麻省理工學院的大衛‧奧特教授提出「勞力市場兩極化」的主張，認為高階學歷在就業市場相當吃香，低階學歷的工資已經下降了很長的時間，中階工作的比例不斷下降，並朝向低階工作的領域移動[26]。此一見解在科技化的年代顯現出，一邊在就業市場上很吃香，另一邊則是處處碰壁[27]。

---

[25] 〈科技影響勞工生計？勞動市場現兩極〉，
http://www.cw.com.tw/article/article.action?id＝5008156。
[26] The Growth of Low-Skill Service Jobs and the Polarization of the US Labor Market，http://economics.mit.edu/files/1474。
[27] 泰勒‧柯文，《再見，平庸時代》，第56頁。

電影「星河將隊」（星艦戰將），是由一部1959年出版的科幻小說所改編，描述人類與蟲族之間的戰爭，劇中三名主角擔任三種不同職位，分別為最帥的強尼‧瑞科（Johnny Rico）是第一線奮戰的二等兵（後來升到中尉）；第二位是女主角卡門（Carmen），空軍中尉（後來升到上尉），在戰艦中擔任艦長，主要任務是運送士兵到第一線打仗；第三位則是卡爾‧詹金斯（Carl Jenkins），年紀輕輕就已經是上校，負責運用超能力的心靈技巧去理解蟲族的想法。

這一部電影中，每一位角色都很重要，最主要還是第一線的二等兵，要在前線殺死可怕的蟲族，還有一個就是官拜上校的卡爾‧詹金斯，負責動大腦的角色；而中間的艦長在電影中則可有可無，不是太重要的殺敵角色。這三個階級與現在的薪資趨勢有異曲同工之妙，高階工作會有高職位，低薪工作最辛苦，中階不再是社會的主力。戰場上需要一堆低價的二等兵在前線殺敵，死了也沒人會記得，如果想要擁有上校的職等，動動大腦是少不了的。

很有趣的電影，居然能與現在的勞工薪資結構串在一起。未來在第一線殺敵的，可能都是機器人。

## 》進口擴增慢慢殘害中產階級

1815年，英國傾銷織品，導致美國織品出口驟降而引發業者抗議，促使國會將關稅提高超過兩倍，也讓產業迅速復甦，保留了許多薪水與工作。二次大戰後，包含台灣在內的許多國家爭相仿效，以關稅限制進口。1902年，美國工業製品的平均關稅飆升至73%，已經成為工業巨人，實質所得也成為全世界最為富裕的國家[28]。

---

[28] 拉斐‧巴特拉，《搶救失業大作戰》，第253-255頁。

隨後，美國因為政治與壟斷資本主義，逐漸有著降低關稅的措施，只是此舉也讓國家收入降低，因此引進累進所得稅的制度。隨著世界大戰的爆發，所得稅逐漸增加，最高級距稅率來到了70%，最低級距則為6%。美國經濟學家拉斐・巴特拉認為：累進所得稅就是自由貿易論者帶給美國人的永恆大禮[29]。

1965年之後，美國出口量落後進口量，大型企業早就全球化經營，自由貿易也可以削弱工會的力量，部分生產也轉而移往海外，關稅的降低，可以讓他們以低廉的成本製作，再運送商品到先進國家以高價賣出。對於勞力密集產品、科技產品以及工具機等都輸給許多國家，逐漸地產生了去工業化的結果，製造業的勞力需求與實質工資降低，服務業由1965年的60%上升到75%，製造業卻從28%降至9%。

關稅對於自由貿易的限制創造了美國的中產階級，但隨著關稅的巨牆逐步崩潰，進口擴增則緩慢地殘害著中產階級[30]。如果參酌美國經濟顧問委員會2012年的總統經濟報告，2000年的製造業勞動力占比為13%，到了2012年則降為9%；美國進口占GDP比例，則由19%至22%。

我國的情況如何呢？參考財政部關稅署以及行政院主計總處的資料，找出進口總值占GDP的比例，以及製造業勞動力占比，得出下頁圖表：

[29] 拉斐・巴特拉，《搶救失業大作戰》，第255-258頁。
[30] 拉斐・巴特拉，《搶救失業大作戰》，第252、259-261頁。

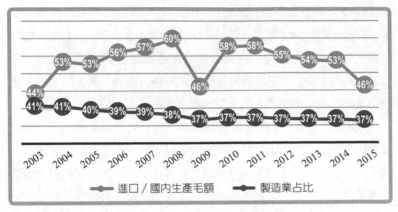

▲圖3-1　進口擴增殘害製造業

由圖3-1可以發現，進口總值占GDP的比例，由44%升至46%（最高曾來到60%）；製造業勞動力占比則從41%降為37%，也有著與美國類似、沒那麼嚴重的趨勢。未來我國關稅也會朝向區域整合低關稅的發展，屆時進口比例也許會更形嚴重，產業外移使得製造業勞動力占比快速下滑，值得持續關注是否有此一現象。

## 》非典型就業勞工增加

日本與台灣的人口結構很像，所以日本勞動力的發展現況，就可以作為台灣的參考。日本的派遣工比例很高、薪資低，對於過去向來服膺終生工作的日本企業來說，無法進入日本企業的正職，就代表一種不能翻身的慘狀，也代表著正式員工與派遣工的兩種階級落差。

隨著日本派遣工人數的增加，對於派遣工的觀念也不得不轉變，例如日劇「派遣女王」描述的不再是低下階層的派遣工，而是時薪高達1,000日幣的超級派遣工，而且很有個性，包括「合約期間3個

月，決不延長；不加班、不假日出勤」，與一般派遣工的慘狀剛好相反，也道出了派遣工的心境與期望。

回到國內的數據來看，翻開「部分時間暨臨時性或人力派遣就業者人口」的資料（圖3-2），從2008年的65萬人，占總體就業人口1,040萬6.24%，到了2015年則增長到78.1萬人，占總體就業人口1,120萬人的6.98%。整體比例看起來還能控制在一定的數字中，實際就業人數尚未快速惡化。

▲圖3-2　非典型就業

到底增長速度是否過快，可以與整體就業人口的增長率來比較。如圖3-3，以2008年度資料為基準，2015年整體就業人口僅增長7.69%，但是非典型就業增長比例，卻增加了20.15%，增加比例幾乎是3倍。

▲圖3-3　與2008年資料相比較

　　接著，要計算非典型就業之薪資，勞動情勢及業務統計資料庫中有提供「人力供應業每人每月薪資」的資料（圖3-4），再將一般勞工經常性與非經常性薪資相比較，可以整理出下圖。

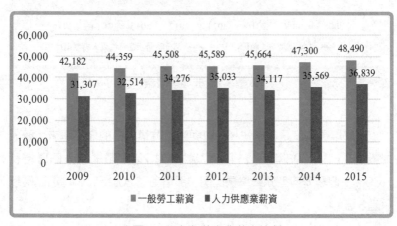

▲圖3-4　人力供應業薪資比較

人力供應業之薪資比較低，大約在10,500～11,800元之間。若未來非典型就業的占比逐漸增加，必然會成為拉低平均薪資的主因。大前研一先生曾針對日本正式員工與非正式員工進行統計，每三位勞動者之中，就有一位是非正式員工；其認為非正式員工的增加，與所得階層兩極化、中低所得層之擴大有直接關係[31]。

## 》戶數五等分之平均每戶可支配所得

還記得剛出社會，面對著不可預測的未來，握緊拳頭正準備努力賺錢的時候，第1年薪水2.5萬元，與現在常聽到的22K也去不遠；如果第2年薪水是5萬元，加薪幅度高達100%；如果隔年再等差級數加薪2.5萬元，薪水變成7.5萬元，若是每年都加薪2.5萬元，會發現雖然加薪幅度一樣，但是薪資成長率卻愈來愈少。（表3-1）

| 年資 | 薪水 | 加薪幅度 | 成長率 |
|---|---|---|---|
| 1 | 2.5萬元 | 2.5萬元 | 100.0% |
| 2 | 5.0萬元 | 2.5萬元 | 50.0% |
| 3 | 7.5萬元 | 2.5萬元 | 33.3% |
| 4 | 10萬元 | 2.5萬元 | 25.0% |

▲表3-1

由上表可以知道，當你最初薪水很少的時候，隨便加點薪，成長率可能來到100%，但隨著薪資金額愈來愈大，成長率很難維持高點。假設薪水已經累積到250萬元，繼續1年加薪2.5萬元，則成長率才1%，已經無感了。

---

[31] 大前研一，《M型社會》，第72頁。

　　有錢人的本金都很大，隨便賺個3%、5%，都是一筆龐大的金額，相對於小老百姓，口袋有個500萬就很多了，3%、5%地賺很難讓人滿足。在理解完這個道理後，我們繼續要分析「台灣地區家庭收支調查」。

　　「台灣地區家庭收支調查」，採取分層2段隨機抽樣方法，就台灣地區全體家庭中每年抽出1萬6,528戶（約0.2%），派員赴受訪戶當面訪查，蒐集其全年家庭經常性收支及設備等資料，再據以推估全體家庭之所得及消費水準概況[32]。雖然不是那麼精準，但在沒有更好的數據之前，這個數據還是可供參考。

　　依據2015年調查資料的「戶數五等分位組之平均每戶可支配所得」，是將所有調查對象的每戶收支分成五個等級，經本文整理收入部分後，除了平均組別外，為了方便區別，分別取名為下列五種：

　　1. 最高所得組
　　2. 次高所得組
　　3. 中間所得組
　　4. 次低所得組
　　5. 最低所得組

　　圖3-5是1981、1991、2001、2011與2015年度的各組別資料。以2015年的資料來看，最高所得組平均收入大約為194萬元，相較於1980年代平均的49萬元，成長快4倍。

　　這一張圖中，分析出有意義的資訊並不多，包括：

　　1. 得知各組別的數字。
　　2. 發現每一組的平均數（每一組最左邊的長條），都大於中間所得組，代表最高組與次高組賺得很多，所以往右邊偏移。

---

[32] 台灣地區家庭收支調查，http://win.dgbas.gov.tw/fies/a11.asp?year＝104。

3.1981～1991、1991～2001年度，成長速度都非常快，但是
到了2001～2011、2015年度這三個階段，則明顯看起來成
長緩慢許多。

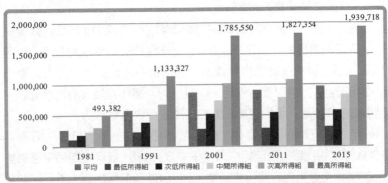

▲圖3-5　戶數五等分位組之平均每戶可支配所得

　　到底大部分的財富是否往有錢人的地方流動呢？除了平均數是偏
右之外，從上圖進行分析，恐怕看不太所以然來。若是將相關數字改
成「成長率」，將2015年度分別與1981、1991、2001年度相比較其
間的成長率，就可以看出比較明顯的差異，如圖3-6。

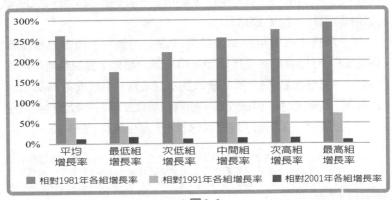

▲圖3-6

　　如本文一開始所述，比較會賺錢的人，原本的薪資部位就比較大，要快速成長是有困難性的，所以成長率的數字應該會小於資本小的組別，就像是中國經濟雙位數成長到一定程度，成長率一定會慢慢降低，來到個位數是必然的。

　　然後，當我們將2015年度的數值與2001、2011年度比較增幅後，最高組增長率分別是5%與8%，分別低於最低組增長率7%與14%之外，這樣子的結果與資本大的增幅很難比資本小的大，看起來是相符合。如果單看這兩組，似乎沒有財富往有錢人的地方流動，至少最低家戶收入組的增長率大於最高家戶收入組。

　　可是，有趣的一件事情，如果我們把比較的時間拉長，分別與1991年度相比較，最低組的增長率為39%，而最高組增長率居然高達69%；接著再把時間再往前推，與1981年度相比較，最低組增長率則只有173%，而最高組增長率則為293%。（參照前頁圖3-6）最高所得組的收入增長率居然高於最低所得組，由此可證至少在薪資分配上，長期變化是往最高所得組偏移。

　　除了最高所得組長期增長率過高外，從「戶數五等分位組之平均每戶儲蓄」，於2001年開始進入到負數(-4,516元)，雖然在2003、2004、2006年稍有起色轉正值，然隨後就一蹶不振，甚至在2009年金融海嘯期間來到-30,697元。

　　據「所得收入者平均每人所得來源」的資料，再進一步比較1996年與2015年間最低所得組所得來源之變化，發現整體所得收入從21.1萬增加到23.7萬，僅增加10.89%，相較於最高所得組16.56%，增幅普通。但檢視其中細項，發現受僱人員報酬與產業主所得都降低許多[33]，只有「經常移轉收入」翻倍成長（表3-2）。

---

[33] 依據2015年家庭收支調查報告之定義，產業主所得，指戶內成員經營家庭非公司企業，賺得之淨盈餘，像是經營農業或是獨資經營的盈餘分配（如藥房、計程車收入），以及自行執業者的收入淨額（如律師、會計師）。參考http://win.dgbas.gov.tw/fies/a11.asp?year=104。

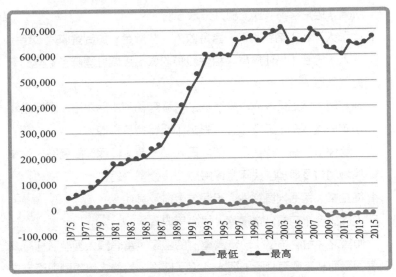

▲圖3-7　最高與最低收入組之每戶儲蓄

|  | **2015年最低** | **1996年最低** |
| --- | --- | --- |
| 1. 受僱人員報酬 | 83,768 | 120,633 |
| 2. 產業主所得 | 16,112 | 25,605 |
| 3. 財產所得收入 | 8,305 | 8,604 |
| 4. 自用住宅設算租金收入 | 16,442 | 12,007 |
| 5. 經常移轉收入 | 109,696 | 44,448 |
| 6. 雜項收入 | 72 | 82 |

▲表3-2　所得收入者平均每人所得來源

所謂「經常移轉收入」總共分成5項：

1. 從私人：私人贈款收入、禮金收入、救濟金、慰問金收入、聘金收入、向私人借住房屋之租金設算收入、民間社團贈予之獎助學金收入等。

2. 從政府：包括低收入戶生活補助、敬老福利生活津貼、國保老年基本保證年金、老農年金、彩券中獎獎金及其他。

3. 社會保險受益：包括公、勞、農、漁、軍、健保保險受益、就業保險給付及參加國民年金保險繳費後獲得之給付。

4. 從企業：包括人身意外災害保險受益及其他。

5. 從國外：來自國外之贈款、禮金等收入。

換言之，台灣算是「劫貧濟富」的國家，當有錢人因為各種經濟制度因素而愈來愈有錢時，窮人卻沒了儲蓄，受僱人員報酬與產業主所得，只能靠政府或民間的救助體系，勉強維持在一定金額之上，所以透過政府與民間的協助最低所得組是有其必要。只是一旦政府與民間自顧不暇、沒了能力，最低所得組的生活必定面臨困境。

< 本書建議 >

1. 中產階級的比例降低，我們要抓住往頂尖流動的關鍵，避免讓自己往低階流動。

2. 我國非典型就業人工，尤其是派遣工，所占比例雖然沒有比日本來得嚴重，但惡化速度依舊很快，由於派遣工的薪資較低，此一趨勢也是值得注意的議題。

3. 我國在均富這件事情做得並不好，尤其最低所得組的生活更是每下愈況，如長期增長率、儲蓄率可見。

# 8 | 高級車的比例

## 》購買進口車的比例提高

大前研一《M型社會》一書，算是較早以專書點出薪資兩極化問題的趨勢家，在書中也點出購買汽車類型的變化，小型車變多了，代表低薪的趨勢增加。此外，近期在國際間許多重量級的專書都在討論薪資兩極化的議題，諸如《21世紀資本論》、《再見，平庸世代》、《財富大逃亡》等，均舉出許多論點來證明此一事實的存在與嚴重性。國內當然也有一些討論，只是深入各層面的資料挖掘，找出各種支持的事證，還有所不足。

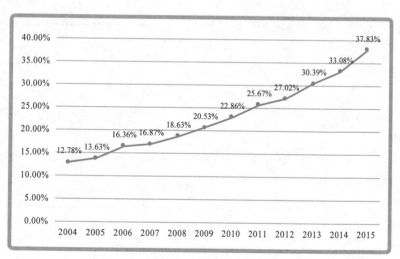

▲圖3-8　進口車占比

國人購買高級車的比例是否提高？

首先，在台灣區車輛工業同業公會中找到了國產車與進口車的比例（圖3-8），發現進口車的占比不斷飆高。但是，這還不足以顯示購買高級車的比例提高，因為有可能是低價進口車銷售狀況不錯，例如韓國車、西班牙車，或者是其他國家的國民車。而這些國民車等級的進口車，通常都在100萬以下。

思考了一下，找出進口車中的高級車，資料就會比較具有關聯性。於是，挑選出國人比較有印象，長期都在排行榜上的三種車：Benz、BMW、Lexus。

參考交通部統計查詢網有關「各型汽車按廠牌分」的資料（圖3-9），一樣是挑選Benz、BMW、Lexus三種小客車，發現總體車輛數的成長趨勢是一樣的，從趨勢來看走勢比整體車輛數還要快速。如果再看頂尖名車的資料，也是一樣快速增長。

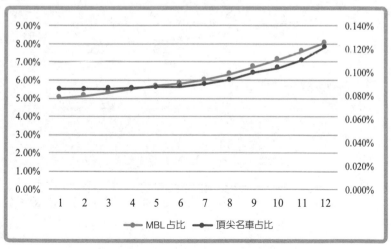

▲圖3-9　MBL與頂尖名車占比

## 》排氣量區別車輛總數

最後我們再以排氣量來觀察（圖3-10）。本來希望能設定1,600c.c.以下排氣量，因為台灣主要小車的排氣量是1,300～1,600c.c.，但交通部的資料只有1,201～1,800c.c.、1,801～2,400c.c.等排氣量，看到台灣小車的實際變化量。從圖3-10中，參酌1999年開始的實際數字，可以從排氣量觀察各個等級的汽車數量變化：

❖ 大型排氣車輛（以下簡稱大型車）：大於3,000c.c.的車輛成長，而且成長比例高達約2.52倍。

❖ 中型排氣車輛（以下簡稱中型車）：1,800～3,000c.c.常見中大型車輛總數增加不少，成長比例高達1.88倍，而占比也是從34.97%提高到45.02%。

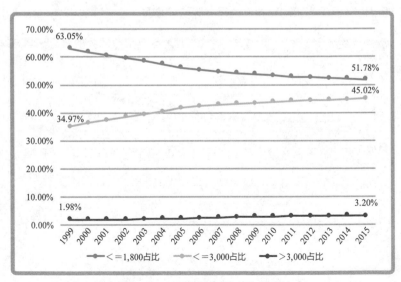

▲圖3-10  不同排氣量之車輛占比

❖ 小型排氣車輛（以下簡稱小型車）：小於或等於1,800c.c.的車
輛，總數雖然增加，從284萬輛提升到340萬輛，但是整體占比
則呈現下滑的趨勢，從原本的占有率63.05%降低到51.78%。
不過，整體來說還是比中型車數量還高。

| 年度 | <= 1,800<br>數量 | <= 1,800<br>占比 | <= 3,000<br>數量 | <= 3,000<br>占比 | > 3,000<br>數量 | > 3,000<br>占比 |
|---|---|---|---|---|---|---|
| 1999 | 2,843,320 | 63.05% | 1,577,004 | 34.97% | 89,106 | 1.98% |
| 2000 | 2,911,366 | 61.73% | 1,710,286 | 36.26% | 94,565 | 2.01% |
| 2001 | 2,925,724 | 60.63% | 1,802,206 | 37.35% | 97,651 | 2.02% |
| 2002 | 2,969,278 | 59.51% | 1,918,271 | 38.45% | 101,787 | 2.04% |
| 2003 | 3,024,608 | 58.51% | 2,035,142 | 39.37% | 109,983 | 2.13% |
| 2004 | 3,096,573 | 57.44% | 2,173,001 | 40.31% | 121,274 | 2.25% |
| 2005 | 3,156,604 | 56.02% | 2,344,205 | 41.61% | 133,553 | 2.37% |
| 2006 | 3,144,742 | 55.19% | 2,411,032 | 42.31% | 142,550 | 2.50% |
| 2007 | 3,115,859 | 54.54% | 2,444,195 | 42.78% | 152,788 | 2.67% |
| 2008 | 3,072,547 | 54.15% | 2,443,890 | 43.07% | 157,989 | 2.78% |
| 2009 | 3,069,619 | 53.81% | 2,469,788 | 43.30% | 164,905 | 2.89% |
| 2010 | 3,088,486 | 53.22% | 2,539,794 | 43.76% | 175,133 | 3.02% |
| 2011 | 3,147,703 | 52.81% | 2,626,634 | 44.07% | 185,751 | 3.12% |
| 2012 | 3,201,198 | 52.55% | 2,696,289 | 44.26% | 193,837 | 3.18% |
| 2013 | 3,259,310 | 52.26% | 2,777,103 | 44.53% | 200,466 | 3.21% |
| 2014 | 3,339,483 | 52.13% | 2,859,924 | 44.65% | 206,371 | 3.22% |
| 2015 | 3,403,843 | 51.78% | 2,959,683 | 45.02% | 210,220 | 3.20% |

▲表3-3

　　從上列分析來看，從年度銷售量或車輛總數來看，購買頂尖車款、大型車的數量與占比均提高，但是小型車的總數雖然依舊是最高，但占比卻逐年降低；中型車輛總數反而是快速攀高。當然可能受到很多因素影響，例如政府是否刻意補貼中型車，旅遊業增加是否增加租賃車總數、貸款條件寬鬆（例如每月僅需付 6,990 元）是否讓民眾願意購買超過自己付款能力的車子，凡此種種，都可能影響中小型車數量的變動。

　　2016 年 1 月修正公布之貨物稅條例，主要是舊換新補貼，看起來並沒有限制在中型車才有補貼；此外，租賃車、計程車的數量也可能影響，政府推動「老舊計程車汰舊換新」政策影響，2013 年底平均車齡為 7.4 年，較 2011 年底略減 0.5 年，超過 1,800c.c.，41.3%（2011 年），提高到 46.7%（年），若是以 87,000 輛來算，增加 5.4%，總計約 4,700 輛，與 2015 年小型車、中型車的數量相比，其實僅占 0.15% 左右 [34]。

　　上列排除了政府補貼誘因的導引，還有下列幾種狀況的可能：

❖ 薪資兩極化在台灣的問題並不嚴重。

❖ 台灣民眾本來就偏低薪，沒有薪資兩極化的困擾。

❖ 台灣薪資兩極化的問題確實存在，但消費習慣喜歡高消費。

　　綜上，從上述汽車消費與總體數量的資料與分析過程中，還不能建構出台灣具有薪資兩極化的完整佐證，頂多能作為高消費族群增加的事實，至於薪資兩極化的現象，還需要其他資料的佐證。

---

[34] 102 年計程車營運狀況調查報告 .pdf，
http://www.motc.gov.tw/ch/home.jsp?id＝56&parentpath＝0,6。

## 》購車與機會成本

常常聽到朋友們哀怨地說存款很低，所以投資的本金不高，當然投資的效益很難顯現出來。例如1,000萬元的本金，年報酬率12%，每年可以有120萬元的收益，平均每個月是10萬元的收入。而本金很少的朋友，例如只有50萬元的本金，即使年報酬率高達24%，比1,000萬元本金的12%還高出一倍，每年也不過12萬元，但平均每個月的也才1萬元的收入。本金的大小，影響投資的實質結果。

投資本金為什麼不高，大多跟欠缺基本理財的規劃有關，每天辛苦地工作，早出晚歸，回到家累到不太想要動腦筋，導致一直搞不清楚為什麼月初領了大筆錢，月末幾乎都花光，甚至成為悲慘的「透支族」，久而久之，往往就沒有投資的本金。

購屋、買車是國人很重要的消費行為，可是很多人都沒有仔細精算可能的成本。既然談到車子，接著讓我們來談一下開車這件事情，透過後面的這三部曲，剖析開車的成本，以及為何我曾經因為成本高而不買車，但後來又重新選擇買車的理由。

| 一部曲 | 該有多少薪水才夠買車。 |
|---|---|
| 二部曲 | 我薪水不夠高，所以不買車的實踐。 |
| 三部曲 | 單位時間成本的提高，只好以金錢買車換取更多的時間。 |

● 一部曲：開車買屋的窮忙族

開車這件事情其實很傷財的，很多朋友要投資之前，都要累積大的資本；但我發現，很多人因為做錯一些決策，導致都在替企業當長工，買車就是使自己不斷負債，沒有餘錢進行投資的一種態樣。先提

出一個問題，首先，你是否曾經想要買一台車代步（男性的需求性可能更高）？

　　我想大部分的人都想要有一台車代步，因為很方便，想要去哪邊出遊，不必搭大眾運輸工具，也不需要煩瑣的租車程序，隨時都可以出發。如果你有想要買一台車，為了便利性，你每個月要花多少錢養車呢？

　　讓我以72萬元的汽車來算給你看一下：（如下表）

| 項目 | 金額 |
| --- | --- |
| 車價 | 每年7.2萬元<br>（假設10年報廢） |
| 保養 | 每年3.6萬元<br>（假設1年4次，每次9,000元） |
| 保險 | 每年2.4萬元 |
| 油錢 | 每年4.8萬元<br>（假設1年20,000公里，每公里2.4元） |
| 停車費 | 2.4萬元<br>（每月2,000元） |
| 稅金 | 1.92萬元 |
| 總計 | 22.32萬元 |
| 每月平均 | 1.86萬元 |

▲表3-4

　　1.86萬元，是不是比你想像得還要多，接著再問一個問題，每個月的薪資要多少，才有能力養一台車呢？

　　很多年輕人3.5萬元月薪就想要買車，這樣子一半的薪水都花在車子上，比例太高。個人建議不超過20%，也就是每個月月薪9.3萬

元才有本錢開車，如果要比較輕鬆一點，10%以內是最佳比例，但也代表每月月薪18.6萬，才真正能夠享受開一輛72萬元的汽車，每年可以跑20,000公里的生活。

當然還有一個方法，開你老爸的車，除了油錢外，其他都是你老爸付錢，頂多幫老爸分擔一些，也算是一個方法吧！採用這個方案的人算少數，大多數都希望有一台自己的車，尤其是男性。

只是，大部分的朋友都沒有仔想細算這些問題，所以沒有能力開車的人，買了車後往往入不敷出，久了就變成了車奴；沒有本錢買房子的人，貸款一大筆金額，就成為銀行的長工，一輩子替他們工作。消費占比過高，回到家累到不太想要自我學習，既然無法成長，怎麼可能企盼薪資走高呢？久而久之，慢慢也就變成了「窮忙族」。

● 二部曲：一年不開車的實戰經驗

接續著上一篇開車成本的計算，讓我來談談自己精算後，選擇不開車的經驗吧！出去工作一陣後，因為要唸大學夜間部，要從陽明山開車到新莊的輔仁大學，所以一直都是開二手車。但二手車有個問題，就是常會出狀況，即使是跟熟識的二手車商買，還是問題百出；不是遇到下雨天就熄火的車，就是開車開到一半熄火的車，各位可以想像一下，當你開在高速公路上，時速高達100公里的時候，突然熄火，請問該怎麼辦？

各位看倌沒這個經驗吧！

我可是有很多次（驕傲的表情）。當時開的二手霹靂馬，與李麥克的霹靂車可是差很多等級，尤其是熄火這件事情。遇到熄火的時候怎麼辦呢？很簡單，請立即排到N檔（空檔），重新點火啓動，再打回D檔，然後就當作沒發生任何事情。

這輛熄火霹靂馬二手車，也有壽終正寢之時，當時又正好考上嘉義中正大學博士班，思索著要不要再買一台車呢？盤算了一下油錢、買車的金額，如同我在一部曲的估算，決定放棄開車的選項，因為搭火車或者是客運，就可以到學校。上課的時候還蠻方便，有些客運班次還可以直達校內，如果沒搭上這些班次，至少可以到達民雄火車站；到了民雄火車站，只要騎5公里腳踏車、或者是走路70分鐘即可到達。

這樣子規劃起來好像都很簡單、那麼美好，所以我真的沒買車，開始1年沒開車的日子。只是……實際上的運作與理想有落差，兩者落差為何，且讓我娓娓道來。

通常週日晚上就搭車到中正大學，並住在博士班的研究室，可以省一晚的住宿費，因為研究室附近只有公用廁所，所以必須先洗好澡，要不然就得半夜偷偷摸摸地利用洗手台洗澡；往返交通路線放了一台腳踏車在民雄火車站，還有一件事情很麻煩，因為隔天週一上午上完博士班的課後，晚上還要到桃園萬能科技大學授課，所以我必須穿比較正式一點的襯衫、西裝褲、皮鞋來上課。

穿這一身勁裝騎腳踏車「上山」，還真是吃足了苦頭。憑仗著自己還年輕，騎著「無段」變速的腳踏車，是的，您沒看錯，就是「無段」變速，不是六段、十二段、十八段變速，就是只有一段。為了省錢，挑了這一台同事不要的「無段」變速腳踏車爬山路。

結果證明一件事情，爬山路真的還是「有段」變速的比較好騎，無論我如何用力踩，都至少要停下六次，休息一下，才能爬到校門口。有一次，想說六次實在太多了，傳出去不好聽，是否能減少一次，只停五次就到校門口。

為了突破自我的信念，某次就來拼一下，只是已是晚上10點，

山間小路有點昏暗，迷惘的眼神看著剩下50公尺就可以到達的校門口時，突然發現腦部有點異常疼痛，接受過嚴格武術訓練的我，驚覺不太對勁，年紀大了可受不了這種操練，趕緊靠路邊停下車休息，坐下來喘口氣，搓一搓頭部，如果有針還會來個放血，經過急救才慢慢地減緩了疼痛，剛剛那一瞬間的疼痛應該是差點腦溢血。

如果腦溢血倒在路邊，隔天媒體報導出來，那還真是尷尬。

當時，不只是差點腦溢血，突然覺得下半身的重要器官不太有反應，就是那種午睡把手壓久了會麻麻的感覺。我的重要器官，Yes，就是你想到的那個器官，居然也壓久了沒啥感覺。不是才5公里嗎？好險，抖了好久，敲了很多下，才感覺又是一尾活龍，不知道常騎腳踏車的朋友是否有此困擾？

隔天更慘，因為要趕大約下午1點多的火車，必須中午一下課馬上從學校騎腳踏車下山，天氣熱的時候更慘。各位可以想像一下，當大熱天的中午，騎著無段變速的腳踏車，趕著5公里的路程下山，買火車票、上車，而且還是穿著襯衫、西裝褲、皮鞋，全身濕透的狼狽樣，還真是……

到了桃園又是另外一場虐待，因為桃園客運非常少，必須要趕上下午3點到6點間唯一的一班客運，才可以前往萬能科技大學；不過，後來發現可以偷個雞搭乘大江購物中心的接駁車，到了大江購物中心，再走1公里多折回學校。有時候真想在經過校門口時，跟接駁車司機說肚子痛，可不可以先到萬能科技大學上廁所；因為，這樣就不必走那1公里多，而且折回的路上，旁邊都是墳墓，有時候天色暗得比較早，還真有點「熱鬧感」。

反正，就這樣子過了1年。

濕透的襯衫、快要腦溢血的血管、「同胞們起來」的歌聲，雖然

省了不少錢，但可能要放棄很多偏遠地區演講與授課的好機會，整體加加減減地評估了一下；最後，為了能讓兼任學校的範圍更廣，不受限於演講場次的距離，還有一些不開車真的到不了的工作需求，衡量利弊得失，還是買了一台1.5的車子，而當時我的年收入已經突破百萬，大約120萬之譜。

● 三部曲：機會成本

話說到最後還是放棄不開車的日子，買了一台1.5的車子，當時的我到底在衡量什麼呢？

一台車花了多少錢？50萬，一年大約開3.5～4萬公里，當時的油錢比現在貴一點，即便稅金少了一點，車價低不少，但因為跑的里程數比較多，保養費也增加不少，所以整體上來說每個月還是要花約17,600元。

如果不開車，一個月的交通費：捷運抓3,000元，其他當作租車、計程車費，5,800元好了，總記8,800元，比開車少了一半，為什麼我還要選擇開車呢？主要是「機會成本」的概念。

| 車價 | 50,000 | 10 | 年 | 500,000 | |
| 保養 | 40,000 | 8 | 次 | 5,000 | 元 / 次 |
| 保險 | 15,000 | | | | |
| 油錢 | 70,000 | 2 | 元 / 公里 | 35,000 | 公里 |
| 停車費 | 24,000 | 12 | 月 | 2,000 | 元 / 月 |
| 稅金 | 12,000 | | | | |
| 總金額 | 211,000 | | | | |
| 每月平均 | 17,583 | | | | |

▲表3-5

什麼是機會成本（Opportunity Cost）？

簡單來說，機會成本是指在面臨多重方案下只能選擇其一時，其他被捨棄的選項中，價值最高的就是機會成本。舉個例子，下午為了跟女友約會，婉拒了一場演講（收入10,000元），或寫一篇專欄文章（2,000元），或自己看電影（支出500元），機會成本就是10,000元。

回到二部曲中不買車的選擇，雖然省下了錢，可以放在儲蓄存款或股票投資而有所獲利，但也會失去許多好機會，譬如到中央大學兼任教職的機會，就會因為路程不方便而必須放棄。

如果有車子，則路程不方便的問題就解決了，可以接下中央大學兼任助理教授的機會。再加上我目前在中央大學的課是下午，早上還是可以接演講，不會因為下午要上課，而因為早上的演講距離太遠，顧慮會影響準時到課的原因而放棄。以筆者1年50場演講來看，如果少了開車的便利性，也許每個月礙於交通往返的疲憊，可能會放棄每個月1.5場演講曝光的機會。

1. 中央大學授課費用：每小時735元，每月5,880元。
2. 中央大學教職頭銜，免費使用資料庫、圖書館。
3. 演講費：每月少15,000元。
4. 曝光機會：每月1.5次。

如果是搭捷運、租車、計程車的選項，不開車每個月省下8,800元，但是卻少掉大約2萬左右的收入，還有一些無法用金錢衡量價值的機會。假設沒買車而接下了中央大學的工作，搭交通車的時間大概是開車的3倍，也就是直接開車從中央大學→家，或者是中央大學→工作場所，大概是40分鐘，可是搭了交通車卻暴升為120分鐘，來回則各為80分鐘與240分鐘，相差160分鐘。

　　或許有人認為可以在車上看書，但車上看書也傷眼力，還不如把這些交通往返時間省下來，回家多一點完整的休息時間，或者是寫寫稿子，160分鐘也大概可以整理個2,000字，每個字未來的潛在價值以3元計算，也有個6,000元，一個月4次，就高達24,000元。

> 2,000（字）×3（元/字）＝6,000元
> 6,000（元/次）×4（次）＝24,000元

　　當你每小時的單位效益低的時候，會選擇去排餐廳舉辦的10元吃牛排活動，或者是隔天油價上漲1元，所以花了30分鐘開車搶著加油，結果加了40公升的油，總共省了40元。

　　也常常看到很多人想盡辦法加班，用時間換取加班費，但因為現在很多走在法令模糊地帶的責任制，沒有給付加班費，只有提供100元的晚餐費用，即便如此，還是有員工願意留下來領那100元；但是當你的每小時單位效益逐漸升高時，你不會再做這些事情，反而寧願花錢把時間買回來。

━ 〈本〉〈書〉〈建〉〈議〉 〉

1. 如果你非高薪族，但卻每個月花超過自己能力的交通費用，例如買一台昂貴的車子，此一選擇可能會讓你變得更貧窮。
2. 想辦法提高自己每小時的單位效益。
3. 當自己的時間效益達到一定程度，開車只是一種固定成本、必要開銷。

# 9 | 接受高等教育的 處方有效嗎？

## 》接受教育以賺取高階薪資

　　為解決薪資走向兩極化的趨勢，麻省理工學院大衛・奧特教授提出一項解決之道：鼓勵更多年輕人接受高等教育，以及改善12年基本教育制度，讓年輕人能領取高階的薪資；進入高階職場的人數增加，自然也會壓抑高階薪資，讓貧富差距降低[35]。

　　只是這樣子的主張聽起來很熟悉，台灣目前不正是面臨大學數量氾濫的苦果，而且政府也正實施12年國教，推動讓年輕人都接受高等教育。我國採行此二制度的現況正是大學學歷過度氾濫，導致年輕人都傾向於遠離低階工作，使得低階工作招不到人，薪資大幅增加，而大學畢業生則薪資大幅降低，並往海外流動的主要原因。或許這一場數十年的教育實驗，對現在有些學者建議朝這條路邁進的美國，可以作為借鏡參考。

　　個人並未否定麻省理工學院大衛・奧特教授提出鼓勵更多年輕人接受高等教育的解決之道，台灣實施的大學擴增實驗，只能說是供需嚴重失衡的結果，推動高階教育的政策方向並非錯誤，但實施過程卻發生偏誤。因此，未來搭配少子化的需求，台灣的大學總數必然要降低，才不會讓所有學生都擁有大學學歷，而不願意擔任低階的工作。

---

[35] The Polarization of Job Opportunities in the U.S. Labor Market，
http://economics.mit.edu/files/5554。

## 》找出一般大學教育與技職教育的平衡點

隨著大學普及化的失敗，現在台灣的教育單位反而鼓吹職業教育，在許多宣導場合中，希望改變家長讓孩子上大學的想法，舉出許多職業教育培育出來的人才可以領高薪，大學畢業出來的反而是低薪的例證，讓家長不知道該如何選擇。個人認為一切還是回歸供需問題，過去太偏重大學教育，使得一般等級的大學生太多，薪資被稀釋化；職業教育培育出來的人才太少，供需也失衡，導致薪資偏高，找到其間的平衡點，正是教育專家應該發揮專長之處。

參酌未來少子化進入大學的人數，已經從每年約30萬減少至20萬人左右，而未來10年可能會少了1/3的大學生人數；依據此一數字，10年內大學數量或者是整體科系數至少要降低1/3，再加上一般大學與技職體系不成比例，為調整高低階工作的比例，10年內大學或系所總數量目標宜設定為目前的2/3，也就是約100間大學為目標。

如果考量到部分學生不適合念大學而應該導引到技職體系，則100間大學的數量應該還是太多，也許留下1/3即可，也就是50間大學應該就足以因應大學人才之需求，其他部分大學可以轉為技職體系，讓一般大學教育與技職體系能有更好的平衡點。

到底合理的平衡點在哪裡，高階與低階的比例應該是多少，才會讓薪資都維持在高檔，應由教育、勞工等方面的專家進行研究評估，才不像現在高階工作依舊低薪，低階工作即使高薪也沒有人做的異常現象。

不過有一項趨勢很重要，過去只要高中教育程度，工作夠努力，就能夠獲得中產階級等級的生活型態，這種年代已經過去了。有些技職教育培養出來的學生，從事的工作許多業已移往大陸、東南亞，更

低成本的國家。況且，這些工作機會又將面臨到自動化與機器人發展的新型態挑戰；換言之，想降低人力成本，最好的方法就是沒有人力，而發展技職體系則必須考量這些趨勢。

## 》皮凱提的質疑

皮凱提在《二十一世紀資本論》中質疑教育制度能夠促進社會流動嗎？

恐怕答案是否定的。

有些研究指出，教育並未造成階級流動，甚至會導致流動性變低；也有些研究指出，父母的所得已經成為下一代是否能接受大學教育幾近完美的預測指標，所得階級最低的兩個四分位，子女取得大學學歷的比例10%～20%，如果是最高的四分位，則提升為40%～80%[36]。國內也有類似的研究，考上大學與省籍、父母教育程度和居住在台北市或其他城市正相關，而考上台大這些變數的相關程度更大。像是3.06%的台北市人口和6.10%的大安區人口會成為台大學生，全國平均只有0.89%[37]。

有一個有趣的研究，畢業校友為何要向母校捐款？研究結果發現，畢業校友向大學母校捐款與子女是否向母校申請入學，以及申請的結果是許可或拒絕有關。也就是說，當子女要向學校申請入學時，捐款額就會上升，但是當招生結束後，捐款就呈現下滑，而且其子女被拒絕時，下跌的幅度更高；換言之，除了無私的奉獻為捐款的原因

---

[36] 皮凱提，《二十一世紀資本論》，第473-474頁。

[37] 駱明慶，《誰是台大學生》，http://homepage.ntu.edu.tw/~luohm/NTU.pdf。

外，畢業校友捐款恐怕也是為了換取入學的利益[38]。這個實驗或許還不至於導致捐款就是為了互惠的結論，但至少在某種情況下，得出捐款是為了互惠的結果。

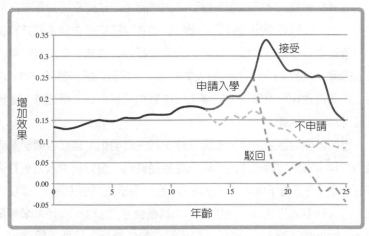

（引自 Meer, Jonathan, and Harvey S. Rosen. 2009. "Altruism and the Child Cycle of Alumni Donations" American Economic Journal: Economic Policy, 1（1）: 258-86.）

▲圖 3-11

此外，哈佛大學學生家長目前平均所得約為45萬美元，相當於美國前2%高所得階層的平均所得，這種事實發現似乎與「擇天下英才而教之」的理念相違背，讓人懷疑是否是「擇有錢人之英才或蠢才」而教之。國內常有人質疑甄選入大學的過程中，大學到底是怎麼

---

[38] 有關於捐款時間集中在子女念大學時，請參見 Meer, Jonathan, and Harvey S. Rosen. 2009. "Altruism and the Child Cycle of Alumni Donations" American Economic Journal: Economic Policy, 1(1): 258-86. 此一研究緣起是想要研究慈善行為是利他還是互惠，但是這種數據很少，所以本文作者利用校友捐款是否與提高其子女錄取可能的數據。

選擇學生，而有主張回歸最公平的聯考制度，皮凱提也有相同的想法，認為選擇學生的程序欠缺透明度，而且這些不平等是每一個社會國家都必須面對的問題[39]。

有鑑於有錢人才可以進入最頂尖的學府，而政府又把資源放在頂尖學校上，皮凱提舉出法國「大學院」制度讓國家投注較多公共資金在社會背景較優越的大學生身上，而投注較少公共資金在出身背景較普通的學生身上[40]。我國的頂尖大學計畫、五年五百億也是有一樣的問題，資源投注在頂尖學校，但頂尖學校恐怕又是有錢人所把持，種種制度均為人所批評。

目前這些問題的解決，前提要件必須先透明化，建立各種更為完備的資料，雖然教育部統計處有一些基礎資料，但對於深入分析教育現況，恐怕是嚴重不足，而「透明化」也正是皮凱提的主張[41]。這幾年來，國人甄選入學仍為人所詬病，尤其是僧多粥少的情況（大學數量增加，變成僧多粥多），更引人有黑箱作業的質疑；不過，隨著少子化的影響，2016年大學入學人口斷層的出現，僧多粥多將逐漸變成僧少粥多，甄選入學黑箱作業的問題將會減少。

原因很簡單，因為原本可以進入C級學校的學生，很輕鬆地可以進入B級學校；原本可以進入B級學校的學生，很輕鬆地可以進入A-級學校。最後，只剩下仍然是競逐焦點的頂尖A+系所，是僧多粥少的情況，才可能成為各方勢力黑手介入的目標。

---

[39] 皮凱提，《二十一世紀資本論》，第474頁。

[40] 皮凱提，《二十一世紀資本論》，第475頁。

[41] 皮凱提，《二十一世紀資本論》，第476頁。

〈(本)(書)(建)(議)〉

1. 逐步降低大學數量，集中資源在存續的大學。

2. 未來以擔任大學教職為人生目標者，請審慎考慮之。

3. 現任大學教授或行政工作者，如果是招生比較辛苦的學校，要利用這5～10年好好規劃自己的財務狀況。

4. 低教育程度只要努力就能擁有好的生活品質，這種日子已經過去了。靠低廉人力比拼競爭力，未來更容易被自動化與機械化取代。

5. 教育制度未必能夠促進社會流動，有可能好學校資源為有錢人所把持。

# 10 | C咖同學當老闆

## 》從「C咖居然能當老闆」的疑惑開始

筆者經過書店時，若時間允許的話，就會進去看看最近有什麼有趣的新書。曾看過一本書的標題很吸引人，也是富爸爸窮爸爸作者羅勃特‧T‧清崎在2014年底的新書《富爸爸告訴你，為什麼A咖學生當員工，C咖學生當老闆！》

有趣的書名總是會吸引讀者的目光，我也不例外地拿起了這本書，翻了翻內容。簡單來說，A咖員工在校所學的不是要成為企業負責人，而是如何做好一份受僱的工作；B咖的員工則是成為官僚體制中的一員；而最差的C咖才是最有可能成為企業主的選項。

這個書名帶來的觀念並不特殊，「萬般皆下品，唯有讀書高」的觀念早就被揚棄了，只是即便觀念在改變，現在很多父母還是無法跳脫「成績很重要」的這個框框。但是，已取得博士學位的我，還不能夠直接就對外肯定這本書書名所提的論點，還是必須要找到一些資料來驗證。

## 》找出老闆的學歷是否為C咖

當時心中馬上聯想到學歷不佳的郭台銘先生（中國海專畢業），確實是很有成就，符合這本書的論點；但又想到台積電的張忠謀先生（史丹佛大學的電機博士），天啊！似乎A咖又可以當老闆。心中很難建立一個定論，於是我開始在網路上搜尋有沒有相關的討論或研究……

1. 先用Google搜尋相關文章……沒有很直接的討論。

2. 接著，再找看博碩士論文網有沒有一些研究……搜尋許多關鍵字，也沒有直接相關的研究。

這時候已經到了晚上用餐時間，也忘了吃什麼山珍海味，有點食不下嚥的我倒不是因為最近感冒，而是因為腦中在想該如何找到一些資料呢？心裡思考著……A咖是成績很好的學生，所以在個人的經驗是成績好的學生會考上頂尖的高中，考上頂尖高中的學生很有機會考上頂尖的大學。所以，如果企業主的學歷曾經出現過頂尖高中或大學的比例，高出一般頂尖高中或大學學生的比例，那羅勃特·T·清崎先生這本書的主張恐怕就不存在，也就是說「智力」恐怕還是相當重要的。

該怎麼找資料呢？

接著想到可以到「公開資訊觀測站」各個公司所提出的年報中，查詢到董事長的學歷。但問題是全國超過1500家上市櫃公司，每一家都分析恐怕太費工了，只好先從小範圍開始。於是，我設定上市的營建公司，總共48家。不過依據過去找資料的經驗，很多企業主可能是企業第二代，或者是能力特強被提攜與扶植，這些情況恐怕不是因為白手起家，無法讓學歷與當上企業主這兩項因素產生是否有連結關係的判斷，必須在找資料的時候加以註明。

經過兩天的搜尋，終於大致上把資料整理完畢，可以有如下的觀察：（次頁的分析為現有可取得的資料分析）

1. 上市營建類股共48家，超過百億資本額者6家，50億以上未滿
100億資本額者9家，其餘未滿50億元。

| 100億元以上 | 50億元以上未滿100億元 | 未滿50億元 |
|---|---|---|
| 6家 | 9家 | 33家 |

2. 女性2位，其餘均為男性。

| 男性 | 女性 |
|---|---|
| 46位 | 2位 |

註：女性是吳泓瑩（麗寶集團吳寶田之女）與殷琪。

3. 營建業的老闆有四個途徑，第一是白手起家，共35家；第二是
集團或家族的第二代，總共11位；第三則是有人提攜發掘，如
潤弘賴士勳先生與潤泰集團有密切關係（參考網路新聞資料）；
至於第四種就是外來集團，如台開是年代集團掌控。

| 白手起家 | 集團家族第二代 | 提攜發掘 | 外來集團 |
|---|---|---|---|
| 35家 | 11家 | 1家 | 1家 |

4. 白手起家的營建業老闆，甚少名校出身，頂尖學識並不會讓人成
為營建業老闆。學歷很漂亮的只有下列幾位：

❖工信（5521）陳煌銘先生，台大土木系，後來一路留學，但股
價9.95元（2017年1月4日）還有成長空間。

❖奆典（3052）郭國華先生，中興大學合作經濟系，也算不錯，
股價8.1元（2017年1月4日）。

❖宏盛（2534）林祖郁先生學歷也不錯，政大地政所碩士，股價
18.45元（2017年1月4日）。

❖ 長虹（5534）李文造先生的學歷也算漂亮，成功大學土木系，股價64.2元（2017年1月4日）。

5. 如加計辭去董事長一職的趙藤雄先生（因案由其子擔任董事長），白手起家型的營建業老闆學歷不佳的比例頗高，專科以下畢業占16位，之後會補強學歷者，如就讀商管碩士僅4位。

6. 營建業的富二代學歷雖然看起來不錯，但通常也不是頂尖學校。

● 老闆的智力要件

以營建業上市公司老闆的學歷來進行分析，看不出來當白手起家型的老闆必須要有頂尖的智力，「萬般皆下品，唯有讀書高」的觀念似乎確實不洽當。這些老闆也不太重視學歷，所以在職進修的比例不高，對於下一代的教育似乎也不太要求要進入好學校。

雖然範圍只有營建業，但目前的結果大概可以告訴現代的父母，不要老是在智育成績中打轉，要成為一位好的領導人，必須要有多重人格因素的養成，在營建業中必須要建立良好的人脈關係，上下游要能夠快速整合、議價能力、用人識人的能力等。如果只重視成績所培養出來的Ａ咖，可能就只是訓練出一位守本分、有知識技能的員工。此外，營建業也許因為其工作環境，較少女性擔任負責人。

未來還可以做很多延伸性的調查，需要知識技能的產業，智育重要性的比例是否會大幅度提升，像是高科技業、生技產業，會不會具備高學歷、頂尖學校的要素；此外，參酌《圖解魅力學》一書中有關出生月份的分析，也可以應用在這些營建業白手起家的企業主，出生月份是否有集中在特殊的月份中，可惜目前因為樣本不夠大，不太完整而無法進一步分析，也期待未來有人能蒐集出更完整的資料，讓我們瞭解擔任企業領導人的特質到底有哪些。

## 》追逐成績，將離成功愈來愈遠

成績，只是學習過程中的評量指標，不是學習的目標。但是，從小養成只專注於成績的習慣，讓許多人只看到了評量指標，但卻沒看到學習的目標。試想看看，一個各項成績都位於頂尖的學生，是否容易進入長春藤名校。

從過去的經驗來看，答案應該是肯定的。但是從許多名校的內部會議中，卻不斷提醒GRE異常高分的學生，並不是學校要招攬的對象。換言之，如果自己分數衝得太高，也許反而扼殺自己進入名校的機會。

不過並不是說分數不要頂尖，畢竟全美每年約有300萬大學新鮮人，那些能夠成為全美排名前20名的學校，收到的申請書一定如雪花般飛來，如果成績不夠頂尖，通常連「門檻」都沒辦法過。只是過了門檻就好，不必成為頂尖中的頂尖。

知名企業如何挑選優秀的對象呢？

這一個論點恰巧與《圖解魅力學》一書中提到不建議選擇頂尖名校，因為即便原本是頂尖的學生，但進入全是頂尖高手的常春藤學校，在眾多高手環繞之下，久了會喪失信心，反而表現未必會很好。乾脆選擇成為非名校的頂尖成員，依照學者的研究，非名校頂尖的CP值應該會比較高，而且長期上來說，「在盲人的世界中，獨眼龍也可以是國王」，非名校的頂尖成員整體表現反而會突出[42]。

博克認為領導能力是Google很重視的能力之一，領導能力並不

---

[42] A Empirical Guide to Hiring Assistant Professors in Economics，http://www.accessecon.com/pubs/VUECON/VUECON-13-00009.pdf，或參考 Malcolm Gladwell，《以小勝大》，第 136-140 頁。

是單指參加社團、擔任社長的經驗，而是當遭遇問題時，你是否能挺身而出、是否能將團隊成員集體帶上來的「有效領導」[43]。戴文波特所著的《輕鬆搞懂數字爆的料》一書中，也提到Google發現曾經創下世界或全國紀錄、設立非營利組織或社團，此二者都與卓越的績效高度相關，因此在線上徵才問卷都會加問這兩道題目[44]。

新鮮人沒有工作經驗，一項新鮮人聘用意願調查顯示，如果在學校有實習的經驗，最傾向選用「在學期間有實習經驗者」，占57.29%，其次為「在學期間有打工經驗者」，占51.81%，「在學期間已考取證照者」再次之，占41.50%[45]。可見實務經驗，尤其是追求卓越過程的實務經驗，必定是吸引企業目光的焦點。

## 》石油精煉後的產物

Bryan Yao曾在商業周刊上寫了一篇好文——「重點不在你一年賺多少，而是10年後你靠什麼賺錢」，引發許多迴響[46]。如果你看重眼前的利益，而從事無法累積能量的工作，像是去澳洲宰殺牛肉，靠時間與體力來換取金錢，10年後，這些經驗並不能夠為你累積未來工作應有的基礎價值，尤其是很多需要體力、外貌的工作，隨著年齡的增長，這些優勢將逐漸降低。

本書在許多地方會提到一件事情，未來的世界趨勢，使得高所得

---

[43] 〈美國名校要的人才五特質〉，
http://www.cw.com.tw/article/article.action?id=5059112。
[44] 戴文波特，《輕鬆搞懂數字爆的料》，第55頁。Google Answer to Filling Jobs Is an Algorithm，http://www.nytimes.com/2007/01/03/technology/03google.html。
[45] http://file.ejob.gov.tw/2014/survey/Q2/main02.html。
[46] 〈重點不在你1年賺多少，而是10年後你靠什麼賺錢〉，
http://www.businessweekly.com.tw/KBlogArticle.aspx?id = 15333。

與低所得的差距會愈來愈大，未來大趨勢強調「人機一體」的概念，善用科技提升自己的價值，滿地的資訊何不拿來分析一下，讓自己看到極少人才能得悉的趨勢，有了分析的能力，藉此成為社會帶領眾人的先驅，而不是一位永遠聽別人評論、點頭如搗蒜的跟隨者。

像是先前所提到的機器人發展雖然是必然的趨勢，與其自己被取代，還不如為己所用。5年前，網路英文翻譯功能很差，往往全文翻譯很難看得懂，但是隨著演算法、科技運算速度的提升，翻譯的成果大幅度地提升。以Google的全文翻譯功能為例，當你將一段語文文字貼上後，馬上就能顯示翻譯的結果，如果對翻譯的結果不滿意，還可以自己修改翻譯的結果，透過全世界翻譯大數據的協助，將可以讓翻譯的結果日益精準。

不斷升級自己的知識，才能夠不斷地往薪資的右端移動，而非向左端淪落。如果大腦停止思考，僅靠著勞力不斷地賺錢，如同台灣現在靠著成本控制的代工產業，如果不升級，會愈來愈難賺錢。雖然成本控制的好壞也是一項「門檻」，但畢竟是一種相對低階的門檻，包括降低薪資、節省原料成本，流程高效率等項目，創新的元素則少了許多。

搭乘捷運、飲料店門口排隊消費，印象最深刻的就是許多人都在滑手機，思考他們到底在這段時間，利用手機在做什麼？仔細觀察後發現不外乎玩線上遊戲、Line、Facebook為主，機械式地看著別人的貼文，看到好吃美食、出遊照片，就拼命按讚，看到需要思考費工的事情，大腦就自動關閉，連按讚都省略了。在我的專欄中，有時候與網管溝通，瞭解讀者按讚與點文的狀況，才知道很多人只是按讚，並不會點選文章的連結進去閱讀。

歲月慢慢流逝，才發現自己沒有什麼成長，通常就以為花錢就可

以學到知識，卻不知道花錢買來的知識還是需要內化的過程。大約只有25%的朋友上坊間課程希望能提升自我，其餘大多是把課程的學習當作安慰劑來服用，這真的是非常可惜。

總之，靠著不斷地自我精煉，如同石油必須精煉才能產生各種產品，跳脫出勞力密集的階段，讓別人無法追上自己的成就，將會是你更好的「門檻」。

1. 成績只是評量指標，不是人生目標。
2. 現在賺多少錢並不重要，重要是累積多少技能作為10年後賺錢的基礎。

# 11 | 為何要重視薪資兩極化？

## 》有錢人比較不道德？

社會需要穩定的力量，也就是大多數的民眾薪資應該在中間，但是當中產階級崩落，減少的人數流向低薪時，一個社會的不公平感將逐漸浮現，而且財富愈高會讓人的本性變得更糟糕，對於社會也會有負面的影響。

一項有趣的實驗，依據相關法令，汽車看到行人過馬路時應該要停下來等待。這一項實驗想要知道不同等級的車子，對於停車禮讓行人是否會有不同的決定。實驗中，會請實驗人員假裝要過馬路，看看不同價格的車輛是否會停下來等待。車輛是一項評估身分與財富的重要指標，實驗將車子分成5個等級（5是最高等級）。結果發現等級最低者，都會停下來等待，但是等級愈高的車子卻愈不會停下車來[47]。（如圖3-12）

有一個探討貧富不均與慷慨關係的研究，發現貧富不均愈嚴重的區域，有錢人就愈不慷慨[48]。（參考圖3-13）

這些實驗結果讓人很沮喪，就是當你愈有財富的時候，表現會更加貪婪、不道德，或許這也就是前總統府秘書長林益世收貪汙錢、賣菜阿嬤陳樹菊有錢就捐款，兩者極端表現的原因。

---

[47] Higher social class predicts increased unethical behavior，
http://www.pnas.org/content/109/11/4086.full。

[48] High economic inequality leads higher-income individuals to be less generous，
http://www.pnas.org/content/112/52/15838.full。

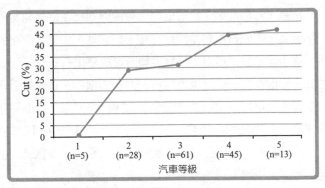

▲圖 3-12

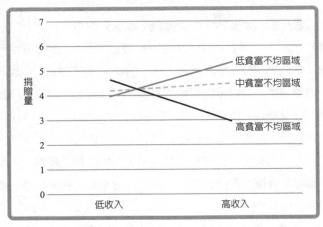

▲圖 3-13

　　為了賺取更多的錢財而不太關心他人，即使該等待人行道上之行人過馬路，也依舊衝過去。研究者保羅‧匹夫在 TED 的演說中，表示全世界有許多研究發現：當有錢人過度有錢的結果，社會就會開始產生許多負面效應，也會讓社會既有的問題愈來愈嚴重，像是階級流

動、經濟成長、社會互信、教育成果、身體健康都會隨著財富不均的問題更形嚴重,而使得相關指標都變差;同樣地,也會造成肥胖、藥物濫用、青少年懷孕、暴力、監禁等負面現象惡化[49]。

因此,降低財富不均之現象是解決問題的根本,這也是近年來眾多書籍都會討論財富不均的主要因素。如果真的財富不均的現象不能改善,還有一個方法可以改變,如同前述保羅‧匹夫在TED的演說中提到,利用一些方式喚醒富有人士的良善本性,這些富有人士的表現會與一般人士一樣。

## 》善用高權力者救世主的本性

權力愈高的人,會擁有愈慷慨與拯救世界的本性。

微軟創辦人比爾蓋茲(Bill Gates)曾經表示:「當錢多到一個程度之後,對我來說錢就沒有用處了。」所以,他自 2007 年起已經陸續進行高額捐款,有許多世界級的富豪也同聲響應,形成一股富人的裸捐善行,像是沙烏地阿拉伯親王阿瓦里德(Alwaleed bin Talal)表示,由於受到比爾蓋茲創立的蓋茲伉儷基金會啟發,他承諾未來將捐出全部財產320億美元作為慈善之用,捐贈的款項將用於推廣文化交流、增進女性權益與提供必要災害援助等方面,希望打造一個更加寬容接納的世界[50]。

杜克大學、華盛頓大學、密西根大學教授聯合進行「Noblesse oblige emerges(with time): Power enhances intergenerational beneficence」研究,他們發現與一般人的想法有所不同:權力並

---

[49] 財富讓人變得更壞?,
https://www.ted.com/talks/paul_piff_does_money_make_you_mean。
[50] 賴宇萍,〈中東股神受蓋茲啟發 近兆元財產裸捐〉,http://www.appledaily.com.tw/appledaily/article/finance/20150703/36643303/。

不會使人腐化，反而會讓人更加慷慨。研究人員表示「先前的研究著重的是同時代的關係，認為有權力會讓人行為更自私；然而若將時間面向納入實驗中，權力反而會讓人對未來世代有更慷慨的行為[51]。」

實驗過程：招募222名參與者，隨機分配在高權力與低權力的兩個組別，高權力的人需要回憶一種曾經對別人行使權力之情況，低權力的組別則只需要寫下自己缺少權力時之情境。接著，要進行有獎勵的樂透遊戲，並以兩種方式捐出獎品給食物慈善計畫。第一種方式是立即捐款給窮人，第二種方式則是在食物供應系統中投身進行長期性結構改革。實驗結果很驚人，高權力的人傾向選擇致力改革，而非立即捐錢[52]。

另外一項實驗過程：招募 465 人，並將之分兩組，要求受測者寫下與前項研究一樣的權力經驗，接著他們可以選擇現在拿 1,000 元美金，或是選擇等到明年有更多錢的時候再拿；此外，他們可以自由選擇立刻把錢捐給別人，或是明年等到有更多錢的時候再給。當然，高權力的人傾向等到明年再使用這筆錢[53]。

實驗結果發現，有地位的人會傾向在未來分配更多錢給別人，且因為產生權力的感覺，更容易讓自己產生「責任」的意識，並且留意其他人的利益；據此，有權力的人，會因為身負改變未來的責任，迫使自己思考得遠一點；且藉由強調這些事情，親社會的行為會影響給其他有權力的人[54]。

---

[51] Research: Power Can Increase Generosity to Future Generations，http://www.fuqua.duke.edu/news_events/news-releases/wade-benzoni-power/。

[52] L.P. Tost et al., Organizational Behavior and Human Decision Processes 128（2015）63–64.

[53] L.P. Tost et al. / Organizational Behavior and Human Decision Processes 128（2015）67–71.

[54] 〈比爾蓋茲做慈善是人性？研究：權力會讓人對未來世代更慷慨〉，http://technews.tw/2015/07/17/how-powerful-people-have-will-to-benefits-others/

〈 本 書 建 議 〉

1. 人有錢了容易變得不道德，但是只要稍加提醒，就可以恢復善
   良本性。
2. 有權力的人願意擔任救世主的角色。

# 12 | 最高薪資的限制 與民間認證

　　2008年金融海嘯發生後，進行公司法肥貓條款之增訂，分別於第29條、第156條、第196條規定，針對有參與紓困專案公司之經理人與董事，得限制其發給經理人報酬。

　　我國政府遂據此制定「參與政府專案紓困方案公司發行新股與董事監察人經理人限制報酬及相關事項辦法」，但辦法中只提到紓困期間，針對董事、監察人或經理人之報酬為必要之處置或限制，但是到底怎麼限制，卻未能看到相關資料。

　　美國政府在金融海嘯的當時則有設定明確的門檻，限制接受紓困之企業的高階主管年薪不得超過50萬美元，薪酬超領部分，必須以「限制型股票」支付，這種股票不得出售求現，得等到公司還清政府紓困金後始能解除限制。

　　隨著金融海嘯發生迄今，大家早就忘記此事。

　　一般董事的報酬，則是採取私法自治，但是公司法有規範基本要求，亦即董事之報酬，未經章程訂明者，應由股東會議定，不得事後追認。經理人之報酬，於股份有限公司中，應由董事會以董事過半數之出席，及出席董事過半數同意之決議行之。換言之，主管機關只規定程序，但不規定金額上限。

　　為了拉平最高與最低薪資的差距，瑞士曾經於2013年舉行公投，決定是否最高薪員工月薪不得高於最低薪員工的年薪，也就是不得超過12倍，但遭到否決[55]。不過，在當年度3月份，卻通過了「反

---

[55] Swiss vote on limiting top pay to 12 times that of lowest paid workers，http://www.thejournal.ie/switzerland-vote-executive-pay-1174184-Nov2013/。

剝削提案」，針對上市公司賦予股東否決企業高管薪酬的權利，以及禁止支付高酬給新任或離任的高管的計畫，該條款將入憲，所有企業都須遵行此條款[56]。

英國「高薪研究中心」也對於企業內部最高薪與最低薪及中間薪資者的差距，不應該愈來愈大[57]。但何種差距才是適當呢？是前開瑞士公投的12倍，或者是約翰路易斯百貨的75倍，勞侯德TSB銀行的65倍，還是公平貿易組織垂德克夫的6倍[58]。只是即便研究出一個適合的標準，可以降低貧富不均的侵害，但又該如何讓企業執行呢？

安東尼‧阿特金森在「扭轉貧富不均」提出三點建議：

1. 善用政府身為商品與服務買方的市場力量，將是否採行薪資守則訂成參與競標者的資格要件。

2. 透過法律規定財報必須公開薪資比倍數。

3. 透過企業治理。

我國公開資訊觀測站中設有公司治理專區，其中有「董監事酬金相關資訊」，可查董事、監察人領取薪資總額與平均數字；另該網站有提供「員工福利政策及權益維護措施揭露」，但並無提供薪資比倍數的資訊。證交所也會提供有哪些公司虧損，董監事卻加薪的數據[59]。

雖然我國有勞動基準法與許多相關法規，透過法律強制力來保障

---

[56] 〈瑞士公投通過為企業高管薪酬設限〉，
http://www.bbc.com/zhongwen/trad/world/2013/03/130303_swiss_fat_cat.shtml。
[57] gaps between those at the top and low and middle earners cannot just get wider and wider⋯參照Reform Agenda: How to make top pay fairer，
http://highpaycentre.org/pubs/reform-agenda-how-to-make-top-pay-fairer。
[58] 安東尼‧阿特金森，《扭轉貧富不均》，第222頁。
[59] 〈逾70家上市公司虧損 董監仍領酬金〉，http://money.udn.com/money/story/5641/1476526。「公司年度稅後虧損惟董監事酬金總金額或平均每位董事酬金卻增加」，http://mops.twse.com.tw/mops/web/t119sb05。

勞工的基本權利，但是在具體落實上卻受到質疑，例如責任制就被許多企業濫用，讓勞工少了很多類似加班費的福利，即便推動一例一休，但實際執行結果仍未必對勞工有利。

英國有一個「維持生活工資基金會」（Living Wage Foundation）[60]，對於基本工資符合要求的企業進行認證，許多企業都加入該基金會的認證行列。大企業老闆都是愛面子，透過一個公益團體的推動，將參與的企業公告、定期發布新聞，都可以讓許多企業致力於員工福利的落實，資訊更加地透明化，對於改善貧富不均的差距應有幫助。

有立委參考上市（櫃）公司的「員工福利總數」與「員工人數」計算後依序排列，公布高薪排列前50名企業，其成效仍待觀察。

< 本 書 建 議 >

1. 目前並未有最高薪資的限制，但許多國家都有思考此一問題，我國可以考慮以行政指導的方式，如同喝咖啡的措施，來引導民間朝向最高薪資限制的結果。
2. 民間力量的整合也需要有志之士來出面整合，透過各種資訊的分享，讓各企業的薪資透明化。

---

[60] http://www.livingwage.org.uk/。

# 13 | 時薪25美元夠不夠？

　　台灣薪資倒退已久，但也不是台灣自己單一的問題，各國都有類似的狀況，例如美國經濟學家克魯曼也提過，大學畢業生畢業薪資，經通貨膨脹率調整後，已經走平了15年[61]。

　　經濟學家Ravi Batra提到從2008到2011年間，印度生產力增長了7.6%，實質工資卻下跌1%，可見工資缺口擴張得太快了，此一情況與美國相類似。

　　參考右圖（圖4-1），檢視我國工業與製造業勞動生產力與單位勞動成本，發現不僅是在2008到2011年間，把觀察期間拉長到1995年至2015年，一樣是勞動生產力增加而勞動成本降低。白話一點的講法，老闆要求員工辛苦工作，但是願意給的錢卻愈來愈少，這些顯然都是讓財富集中的因素之一。

　　到底是什麼原因不再成長？還是說已經成長到了一個極限，人心不足蛇吞象，貪心的人類永遠無法滿足，已經2萬美金，看到隔壁國家有3萬，就覺得自己不夠而到處批評，到底要多少金額才足夠呢？地球只有一個，資源有限，人類卻永遠不會滿足。

　　當然也有可能像是電影「鐘點站」的劇情一樣，時間就是生命，也是金錢，有錢人的時間可以有千萬年，但窮人的時間卻是剛好可以維持一兩天的生命。當有錢人覺得資源不足以應付這麼多人類的時候，就把生活產品的金額提高，類似於通貨膨脹的機制，讓許多窮人

---

[61] Liberals and Wages，http://www.nytimes.com/2015/07/17/opinion/paul-krugman-liberals-and-wages.html。

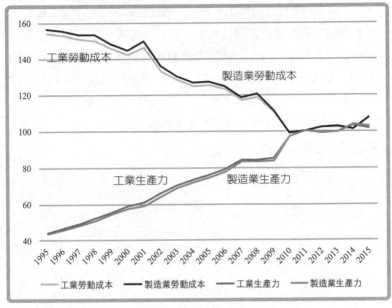

▲圖4-1　生產力與勞動成本

本來擁有可維持一兩天生命的時間,但通貨膨脹卻沒有讓他們的薪資膨脹,因而窮困死去。

　　所以,美國人的基本時薪已經是7.25美元,若以匯率1:33來換算,相當於新台幣237.6元,是台灣時薪的兩倍多;然而美國民眾還希望再次調高到10.10美元,相當於新台幣333.3元,將是台灣時薪的三倍。

　　7-11的員工十項全能,除了買賣商品、排貨、垃圾分類回收、影印、寄送物品、煮咖啡,現在連手搖飲料都出現了;但薪水還是一樣,可以說是有限薪資、有限時間,將員工表現壓榨到極大值的境

界。如果以相同工作量的員工，在美國應該可以要求時薪 10 美元。

　　若過用大麥克指數來進行薪資比較，在美國一個大麥克4.79美元，台灣是2.55美元，所以換算成時薪應該要有5.32美元，再用匯率1:31來換算，時薪是新台幣165元。然而參考網路有關7-11員工薪資，大約是125元，還有大概40元的成長空間。高，還要再高，這種經濟成長的問題，與基本工資的議題實在難以理解，也將是這一章節討論的重點所在。

< 本書建議 >

　　財富集中的因素之一，在於勞動生產力增加但勞動成本的降低，經營者不能只想愈賺愈多錢，也需要分配給一起奮鬥的勞工。

Note

# 14 台灣企業獲利能力低？

## 》割喉殺價競爭是天性

隨著台灣生產成本逐步上升，許多產業移至工資、土地成本較低的大陸繼續生產，但近年來大陸的生產成本也暴增，所以又有許多企業移往東南亞地區尋找低成本的環境。

沒有足夠的利潤，企業再投資、再研發的動能就會下降，更遑論加薪[62]。如同台積電因為營收毛利高達接近五成，所以有很大的空間投入資本支出；如果毛利率低、市場規模又小，則較難在不借資金的情況下進行資本支出，以追求未來更大的獲利。

● 無利可圖嗎？

印象中政府一直認為台灣企業獲利情況良好，可是民眾又認為企業大多是不斷地依靠降低成本（Cost Down），期待以更低廉的成本換取更高的利潤；顯然政府的論點與許多民眾既有的印象有落差，到底誰說的是正確，我們必須要找到一些資料佐證。

讓我們先假設兩種情況：

1. 因為企業不賺錢，所以造成低薪；
2. 企業有賺錢，賺來的錢沒有分給員工，所以造成低薪。

---

[62] 〈低價戰爭 讓台灣進入「均貧」世界〉，http://md.ctee.com.tw/bloger.php?pa＝na/gMgDPWU1ItMF/K%2bkssaFLpThEOGHl/VIbx%2bsm4ZA09NlzgZuCew＝＝。

## 》從營業收入找起

為了找數據驗證一下企業是否賺錢，本書以上市公司的「營業收入」來評估，看看這些公司的獲利情況。所謂「營業收入」，是指銷售產品與服務之收入；舉個例子，一家飲料店單月賣了1萬杯飲料，每杯50元，營收50萬元；成本20萬元，費用15萬元，營業利益15萬元。

| 營收 | 500,000元 | 100% |
|------|-----------|------|
| 成本 | − 200,000元 | 40% |
| 毛利 | = 300,000元 | 60% |
| 費用 | − 150,000元 | 30% |
| 營業利益 | = 150,000元 | 30% |

營業利益率＝150,000／500,000％＝30％

▲表4-1

瞭解了營業收入的概念，接著連上台灣證券交易所上市公司下載相同資料，經過計算後，總計2015年上市公司的營收為28.63兆元，稅前純益為2.207兆元，得出來的營業利益率是7.71%，從次頁表中來看，與歷年相比也算是近10年的第四高，僅次於2007年。

單位：兆元

| 年度<br>(前兩季) | 營業收入 | 稅前純益 | 稅前純益占比 | 實質薪資[63] |
|---|---|---|---|---|
| 2006 | 12.403 | 1.179 | 9.51% | 43,488 |
| 2007 | 14.841 | 1.670 | 11.26% | 44,392 |
| 2008 | 14.962 | 0.598 | 4.00% | 44,367 |
| 2009 | 14.423 | 0.931 | 6.46% | 42,182 |
| 2010 | 18.378 | 1.631 | 8.88% | 44,359 |
| 2011 | 18.524 | 1.149 | 6.21% | 45,508 |
| 2012 | 19.646 | 1.137 | 5.79% | 45,589 |
| 2013 | 27.294 | 1.836 | 6.73% | 45,664 |
| 2014 | 28.824 | 2.189 | 7.60% | 47,300 |
| 2015 | 28.631 | 2.207 | 7.71% | 48,490 |

▲表4-2

老闆賺的數字，看起來應該不錯。

參考中華民國統計資訊網的實質薪資（圖4-2），與上市公司平均營業收入比較，發現兩者關聯性頗為接近。當企業營業收入大幅度下跌時，實質薪資也會大幅度降低，當營業收入上揚時，實質薪資也會走揚，兩者的相關性頗高（0.87）。

---

[63] 實質薪資資料，http://www.dgbas.gov.tw/ct_view.asp?xItem=37472&ctNode=3367。

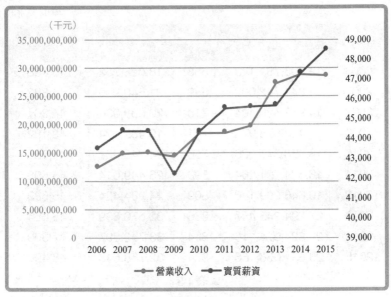

▲圖4-2　營業收入與實質薪資

## 》難捨口袋中的黃金

　　初步上，我們發現企業平均的營利率看起來還算可以。接著我們再來討論下一個問題，企業經營者是否把賺的錢放進自己口袋裡，而不分給員工？

　　從2006～2015年，上市櫃家數成長許多，所以要先把家數調整一下。如次頁表，我們加入上市公司家數的資料，然後把營業收入總額除以上市公司家數，即可以求出平均每家公司營業收入。

單位：千元

| 年度<br>（前兩季） | 營業收入 | 家數 | 平均<br>每家營業收入 | 實質薪資 |
|---|---|---|---|---|
| 2006 | 12,403,781,123 | 688 | 18,028,752 | 43,488 |
| 2007 | 14,841,742,002 | 689 | 21,540,990 | 44,392 |
| 2008 | 14,962,426,404 | 718 | 20,839,034 | 44,367 |
| 2009 | 14,423,878,972 | 741 | 19,465,424 | 42,182 |
| 2010 | 18,378,377,926 | 758 | 24,245,881 | 44,359 |
| 2011 | 18,524,721,264 | 790 | 23,449,014 | 45,508 |
| 2012 | 19,646,099,140 | 809 | 24,284,424 | 45,589 |
| 2013 | 27,294,245,487 | 838 | 32,570,699 | 45,664 |
| 2014 | 28,824,974,116 | 854 | 33,752,897 | 47,300 |
| 2015 | 28,631,058,168 | 874 | 32,758,648 | 48,490 |

▲表4-3

上表中，2006～2015年之間，平均營業收入從180億元成長到328億元，計成長1.82倍，但是實質薪資雖有成長，卻僅成長了1.12倍，似乎可以作為「老闆愈賺愈多錢，只是沒分給你」的證據之一[64]。

< 本書建議 >

賺了許多錢卻沒分配一些給員工的公司，就必須由政府介入強化公平分配。如公司法第235條第1項規定：「公司應於章程訂明以當年度獲利狀況之定額或比率，分派員工酬勞。但公司尚有累積虧損時，應予彌補。」

---

[64] 陳聿(註)、陳一姍，〈台灣低薪魔咒 如何解？〉，天下雜誌第553期，第60-64頁。

Note

# 15 | 價值創造產業較少？

## 》代工產業著重於規模經濟

許多論述主張低獲利的產業是造就低薪的原因，但從前面的分析來看，台灣的整體產業未必皆為低獲利的產業；筆者覺得有可能是「產業特性」所造成的薪資結構，競爭力大師麥可‧波特認為，台灣總體競爭力高，在全球競爭力模型的排名中，台灣高居第十八位；但是薪資低，關鍵在於台灣的企業主更著重成本管控而非價值與利潤的創造[65]。

從「台灣總體競爭力高」的角度來看，暫且推定會有高獲利的結果，搭配前面所論及上市企業營利率的表現，平均還有7.71%，算是不錯；只是這樣子的營利率表現，主要還是喜歡成本管控、吃苦耐勞的民族習性，並非源自於價值與利潤的創造，或許是薪資低的關鍵。

這一段論述或許很抽象，讓我們從大家熟悉的代工產業講起。台灣許多產業是代工產業，代工產業的特色在於壓低成本，人力成本屬於成本項目之一。透過降低人力與其他成本，可以用更低的成本來爭取訂單；但是代工產業真的不值得投資嗎？或許我們可以這樣說，低利潤的代工企業之所以能在世界競爭中存活，也算是一種另類的高門檻產業，想要跨入此一代工產業，就要忍受極低的利潤，如同想要當奴隸，也要能忍受奴隸的悲慘，並不是一件容易的事情。

---

[65] 〈只剩低薪作為競爭力的台灣〉，http://www.1111.com.tw/discuss/discussTopic. asp? id＝35356&agent＝out_ettcefb_nckudiscuss35356。

## 》鴻海與可成的比較

假設以營業利益率高，推定屬於價值創造，我們來比較鴻海與可成這兩家公司。依據鴻海公司（2317）2014年年報所載：

員工福利費用（千元）

| 項目 | 金額 |
|------|------|
| 薪資費用 | 269,692,140 |
| 股份基礎給付 | 2,330,639 |
| 勞健保費用 | 14,317,317 |
| 退休金費用 | 19,517,368 |
| 其他用人費用 | 17,873,749 |
| 合計 | 323,731,213 |

（不包含主要管理階層薪酬資訊）

換言之，薪資在費用上高達3,237億元（有些在營業成本，有些在營業費用），但因為2014年整體營收相當高，高達4兆2132億元，約占7.68%。請參照下列損益表（部分內容）：

（單位：億元）

| | 金額 | 占比 |
|---|------|------|
| 營業收入 | 42,132 | 100% |
| 營業成本 | 39,212 | 93.1% |
| 營業毛利 | 2,919 | 6.93% |
| 營業費用 | 1,488 | 3.53% |
| 營業利益 | 1,432 | 3.4% |

單就鴻海來說，是否可以大幅度加薪呢？

從營業利益來看，1,432億元，數字有上千億元之譜，但從百分比來看，卻僅占營收的3.4%，已經是我們所說的毛三道四產業。所以如果加薪10%，就多了大約324億元，而營業利益就會少掉約22.63%，從1,432億元降為1,108億元，一個加薪的動作就會大幅度地影響獲利狀況。

鴻海公司營業利益率這麼低，卻還能生存下來，其特色就是「規模經濟」，簡單來說就是「薄利多銷」。前頁表格中，營業成本高居93.1%，在這種比例下，營業費用通常也是相對固定，如果沒有達到一定規模，營業利益可能就是負值。因此，鴻海的許多子公司，都是在薪資較低的國家設廠，如中國、東南亞等新興國家。

換一個規模小一點的企業，可成（2474），主要是生產鋁鎂合金輕金屬，提供電子科技產品外殼代工的生產廠商。員工福利費用，依據可成2014年年報所載，總計約18.2億元，依功能別彙總，分別為：

員工福利費用（千元）

| 項目 | 金額 |
|------|------|
| 營業成本 | 1,490,116 |
| 營業費用 | 329,960 |

（不包含主要管理階層薪酬資訊）

接著再看2014年營業收入552.8億元，營業利益高達200.2億元，高達36.2%；由於營業利益的空間還相當大，即使加薪10%，增加1.82億元的支出，也不過占營業利益的0.91%，從200.2億元降為198.38億元，降幅非常輕微。請參照下列損益表（部分內容）：

（單位：億元）

| | 金額 | 占比 |
|---|---|---|
| 營業收入 | 552.8 | 100% |
| 營業成本 | 291.8 | 52.8% |
| 營業毛利 | 261 | 47.2% |
| 營業費用 | 60.76 | 11% |
| 營業利益 | 200.2 | 36.2% |

　　從鴻海與可成這兩家公司進行比較，會發現毛利率高的產業，可以有較大的空間進行調薪；而且可成僅幾年來EPS大幅度成長，從2012年的14.51、2013年的18.38，一直到2014年的23.52，即使犧牲一些EPS的成長來加薪，對股價的影響也不會太大。（註：不過，目前只有就兩家企業進行比較，是否都有類似的情況，仍待更廣泛的分析。）

## 》營業利益率高的企業不多

　　既然本文初步是以「營業利益率」來作為是否屬於價值產業的判斷標準，上市公司營業利益率超過20%、30%者，有幾家呢？依據台灣證券交易所網站的統計資料：

⑴大於15%，計有159家。

　　但要扣除損益表較為特殊的金融保險類股，只剩下132家，占所有上市公司（867家，扣除金融保險類35家）834家的15.83%。

⑵大於20%，計有102家。

扣除金融保險類股，只剩下77家，占所有上市公司（867家，扣除金融保險類35家）834家的9.23%，未達10%。

⑶大於30%，計有49家。

扣除金融保險類股19檔，只剩下30家，占所有上市公司（867家，扣除金融保險類35家）834家的3.60%。

這樣子的比例是高還是低，在尚未與其他國家相比較前，尚難有定論。目前初步推論，我國高營業利益率的產業比例不高，使得企業能替員工加薪的空間縮小，可能是企業低薪的原因之一。

## 》台積電是低薪的幫兇嗎？

商業周刊有一篇文章「台積電賺大錢 為何竟成台灣低薪幫凶」，認為約1500家公司（扣除銀行、證券、TDR與F股）中，連續3年營業利益率低於一年期定存利率1.4%的公司，有317家，近3年平均虧損的公司更有364家，有越來越多的製造業上市櫃公司，慢慢成為賺不了錢的「殭屍企業」。台積電、聯發科、鴻海、大立光這四個大太陽，耀眼的陽光，遮住了台灣製造業出問題的黑暗面[66]。

針對此一論點，我將上市公司的營業收入與營業利益資料調出來，扣除掉銀行、證券、TDR與F股，共計787家，計算出平均營業利益率，接著再扣除掉這四家上市公司台積電、聯發科、鴻海、大立光，剩下783家，也計算出平均營業利益率（如右表），進行比較：

---

[66] 〈台積電賺大錢 為何竟成台灣低薪幫凶〉，
http://www.ettoday.net/news/20150729/542186.htm。

|  | 營業收入 | 營業利益 | 營業利益率 |
|---|---|---|---|
| 上市公司 | 16,750,016,292 | 1,145,977,382 | 6.84% |
| 上市公司（不含四家） | 14,122,208,250 | 869,205,372 | 6.15% |
| 台積電、聯發科、鴻海、大立光 | 2,627,808,042 | 276,772,010 | 10.53% |
| 鴻海（非前20%） | 1,986,830,642 | 71,713,520 | 3.61% |
| 前20%上市公司 | 1,465,445,908 | 380,462,935 | 25.96% |

▲表4-4

營業利益率，少了這四家，從6.84%降為6.15%，看起來似乎還好。但如果從營業收入占比來看，卻發現這四家公司居然占了整體上市公司營業收入的15.69%，營業利益占了24.15%，這四家的平均營業利益率為10.53%。

如果從上市公司787家中，抓營業利益率前面20%的157家企業，發現營收僅占整體上市公司的8.75%，但是營業利益的總數卻占全部的33.2%。鴻海並非營業利益率前20%的企業，但鴻海一家公司的營業收入、營業利益遠遠超過營業利益率前20%上市公司。

我不確定台積電等業績耀眼的公司是否是低薪的幫兇，但至少有一件事情必須要注意，就是我們確實有可能因為這些公司的優良表現，而忽略表現很差的企業占大多數，如果連這些重要的企業都失去了光芒，看到的將是一片悲慘的景象。

< 本書建議 >

1. 規模經濟為主的產業，如果又是以代工為經營項目，營業利益率不高，加薪的空間就小。
2. 台灣企業應加以整合，去除掉重複浪費的資源，讓企業營運績效更好。

# 16 | 三角貿易與派遣工

## 》Cost Down的企業習性

企業管理很常聽到的一句英文「Cost Down」，也就是降低成本。

有許多降低成本的方式，首先想到的就是將工廠設立在成本較低之國家，以製造業所需的土地、設備、水電、人力成本綜合考量，台灣當然不是一個低成本的環境，尤其是近幾年來環保意識的高漲，許多科學園區的設立常常會「卡關」，在訴訟中不斷來回鬼打牆，讓企業新的投資成本不斷攀高。

因此，許多企業把總公司這個「大腦」留在台灣，但是卻轉往國外設立工廠，使得第一線有關生產的工作機會都在海外，也就是常聽到的「三角貿易」，接單生產是在不同的國家[67]。

最主要的生產基地，目前還是大陸地區。大陸用不完的廉價勞工當然是重要的主因，再加上大陸人多、經濟規模大，只要13億人口中有1/100購買，就可以賣出高達1,300萬份，每份賺10元，共計可以賺1.3億元。

於是上下游產業逐漸，或者是說「快速」地移轉到大陸。近年來，大陸工資不斷翻揚，原本的優勢少了許多，東南亞的便宜工人又成為吸引的焦點，加上東協十加一等區域型自由貿易區逐步成型，為了避免關稅造成競爭上的劣勢，企業也不得不到東協找尋更適當的投資環境。

---

[67] 陳琤詒、陳一姍，〈台灣低薪魔咒如何解？〉，天下雜誌第553期，第60-64頁。

## 》海外生產比

三角貿易的情況到底為何呢？

我們可以參考一下「外銷金額」與「海外生產比」。

從數據中可以發現，外銷訂單從1999年11月1,275億美元（當時海外生產比才13.32%）逐年升高；2015年10月，外銷訂單已經高達4,506億美元，可是海外生產比逐年攀升，已經來到了59.7%[68]。（如下表）

| 年度 | 外銷金額 | 海外生產比 | 年度 | 外銷金額 | 海外生產比 |
|------|---------|-----------|------|---------|-----------|
| 1999 | 127,468 | 13.32 | 2008 | 351,728 | 47.29 |
| 2000 | 153,431 | 14.60 | 2009 | 322,432 | 49.27 |
| 2001 | 135,715 | 19.40 | 2010 | 406,714 | 50.95 |
| 2002 | 150,949 | 21.42 | 2011 | 436,121 | 50.77 |
| 2003 | 170,024 | 28.65 | 2012 | 441,004 | 51.72 |
| 2004 | 215,081 | 38.16 | 2013 | 442,929 | 53.72 |
| 2005 | 256,400 | 43.09 | 2014 | 472,814 | 56.78 |
| 2006 | 299,312 | 44.85 | 2015 | 450,555 | 59.70 |
| 2007 | 345,809 | 47.74 | | | |

▲表4-5

---

[68] 海外生產比，可以至統計指標簡易查詢，
http://dmz9.moea.gov.tw/GMWeb/common/CommonQuery.aspx。

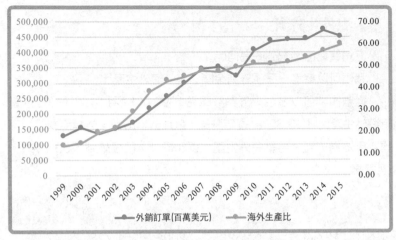

▲圖4-3　外銷金額與海外生產比

　　說好聽一點，台灣將變成大腦型產業中心，或者可稱之為研發中心；但只剩下大腦，身軀、手腳都沒了，代表供應鏈都移轉至其他國家，工作機會的需求降低，即便少子化讓受僱者人數也降低，但這是未來的狀況，目前人力供給還是高檔，才剛要轉折向下。

## 》國內生產金額

　　寫到這裡，還是有點疑惑，海外生產比雖然提高，單就此一數據的變化，應該可以推想出國內聘僱需求應該也會減少。可是再加上一個變化因素「外銷金額」也是攀高，交錯影響下，聘僱需求還會降低嗎？

　　經濟學人的一篇文章「製造業回流美國，利之所趨」指出：在金融危機之前，海外生產對先進國家的就業率影響不大。但海外低廉工資的威脅，確實讓國內薪資水準停滯不前，反全球化情緒也因此高

漲[69]。有一句話很重要,就是「金融危機之前」,所以經濟狀況不斷轉好,需求不斷攀高,即使海外生產比提高,負面效應也會被抵銷掉。回到我國的狀況,目前尚未發現海外生產比對於聘僱需求影響的實際數字,不過還是可以算出國內生產比例金額的變化,來推算出可能的影響。

> 國內生產金額=外銷金額×(1-海外生產比)%

例如 1999 年 11 月:

國內生產金額= 1,275×(1-13.32%)= 1,105 億美元。

依序計算出下列國內生產金額的數字,並搭配前面的外銷金額、海外生產比,整合成下表:

(單位:百萬美元)

| 年度 | 外銷金額 | 海外生產比 | 國內生產金額 |
|------|----------|------------|--------------|
| 1999 | 127,468 | 13.32 | 110,489 |
| 2000 | 153,431 | 14.60 | 131,030 |
| 2001 | 135,715 | 19.40 | 109,386 |
| 2002 | 150,949 | 21.42 | 118,616 |
| 2003 | 170,024 | 28.65 | 121,312 |
| 2004 | 215,081 | 38.16 | 133,006 |
| 2005 | 256,400 | 43.09 | 145,918 |
| 2006 | 299,312 | 44.85 | 165,070 |
| 2007 | 345,809 | 47.74 | 180,720 |

(接下頁)

---

[69] 〈製造業回流美國,利之所趨〉,

http://www.cw.com.tw/article/article.action?id = 5046891。

| 年度 | 外銷金額 | 海外生產比 | 國內生產金額 |
|------|----------|------------|--------------|
| 2008 | 351,728 | 47.29 | 185,396 |
| 2009 | 322,432 | 49.27 | 163,570 |
| 2010 | 406,714 | 50.95 | 199,493 |
| 2011 | 436,121 | 50.77 | 214,702 |
| 2012 | 441,004 | 51.72 | 212,917 |
| 2013 | 442,929 | 53.72 | 204,987 |
| 2014 | 472,814 | 56.78 | 204,350 |
| 2015 | 450,555 | 59.70 | 181,574 |

▲表4-6

接著，依據上列數字表格，可以繪製出下圖：

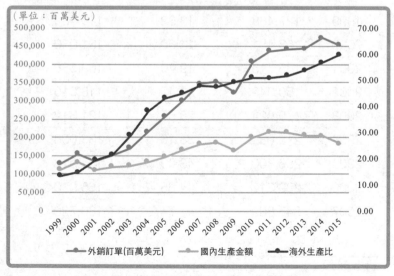

▲圖4-4　海外生產比、國內生產金額

　　圖中增加了最底下的線,即國內生產金額的走勢。

　　整合分析這三條線,在2011年之後,外銷訂單金額成長緩慢,可是海外生產比卻從50%快速上升至接近60%,所以也使得國內生產金額開始下滑,或許可以代表著聘僱需求下降,勞工薪資要靠供需法則來自動調高,顯然是有困難。

　　「三角貿易」的經營模式使得企業獲利不變,甚至於更高,但在總公司所在國家,生產端的工作機會並沒有增加,如果三角貿易的比例提高,代表著國內工作機會的「需求」未能增加,從「供需法則」來看,也當然不會發生提高薪資待遇的結果。

## 》工作機會回國

　　因此,有必要透過制度的建立,吸引海外企業回國投資,降低海外生產比,當然還要經濟穩定成長。美國歐巴馬與川普不斷鼓勵企業回流美國,而且現在也有很明顯地回流,原因很多,海外工資與國內相比未必低到有吸引力。

　　另外,加強外國人直接投資也是一個增加供給的方式。根據投審會統計,2015年1～11月核准僑外投資件數為3,412件,較上年同期增加5.86%;投(增)資金額計美金41億2,817萬3,000元,較上年同期減少6.88%。至於陸資來台投資方面,2015年1～11月核准陸資來台投資件數為152件,較上年同期增加31.03%;投(增)資金額計美金1億4,342萬9,000元,較上年同期減少56.26%[70]。同步發生件數增加,金額減少的現象,但實際上到底是什麼原因,還有待研究。

　　無論如何,在供需法則中,增加需求才可以促進工資維持在一定

---

[70] 104年11月核准僑外投資、陸資來台投資、國外投資、對中國大陸投資統計新聞稿,http://www.moeaic.gov.tw/system_external/ctlr?PRO＝NewsLoad&id＝1086。

水平，甚至是不斷往上爬升的重要關鍵因素。增加需求，在本篇中所討論者，主要是該如何降低海外生產比不斷攀升的問題，這一個問題在經濟下滑之際，負面影響將會更形明顯。

除了降低海外生產比，第二個增加需求的方式就是增加僑外或大陸投資，可是這對於我國人民比較困難，因為台灣也是一個比較排外的國家，究其原因，可能是源自於小國寡民的不安全感，再加上對岸有個大猛獸，有人說很溫馴，有人說很兇惡，所以沒有老鼠願意去掛鈴鐺。我們需要有更多的專家找出並確認問題的核心，才能給予正確的藥方。

第三個方法則是增加移民。這一個講法看似有點奇怪，增加移民，通常是讓較低薪的人員流入我國，這樣子不是與國人相競爭，再加上他們的薪資水平較低，不是會拉低平均薪資嗎？

《再見，平庸世界》的作者泰勒·柯文則持不同的見解，其認為要避免企業為了尋求較低成本的勞工而把企業移往海外，不只是低薪工作移走，中高階的管理人員、技術人才也隨之前往，因此藉由移民來做低薪工作，就可以留下中高階人員[71]。

以我國現有情況來看，國籍之歸化人數很少，一直到1996年才突破千人大關，2005年邁入萬人大關，2009年又跌破萬人關卡，2015年更跌破4,000人，僅有3,612人。歷年來大多是女性外籍配偶為主，以越南、印尼國籍為主[72]。所以，相較於美國，我國移民人數較少，且多為女性外籍配偶。

---

[71]　泰勒·柯文，《再見，平庸世界》，第194頁。

[72]　國籍之歸化取得人數按原因分，http://sowf.moi.gov.tw/stat/year/list.htm。

〈 (本)(書)(建)(議) 〉

1. 要把工作機會留在國內，就必須創造良好的投資環境，包括籌
   資環境、簽署貿易協議以降低關稅、引進外籍勞工以降低勞動
   成本。
2. 投資環境不佳，海外生產比走高，如果外銷接單金額下滑，將
   會使國內工作機會降低。

# 17 | 引進外勞是否導致失業

## 》引進外勞的現況

我國引進外勞的現況為何，請先看下圖[73]：

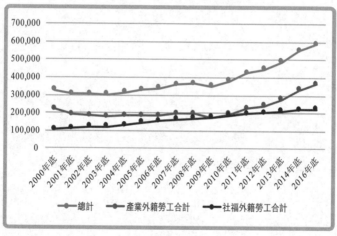

700,000
600,000
500,000
400,000
300,000
200,000
100,000
0

2000年底 2001年底 2002年底 2003年底 2004年底 2005年底 2006年底 2007年底 2008年底 2009年底 2010年底 2011年底 2012年底 2013年底 2014年底 2016年底

總計　　產業外籍勞工合計　　社福外籍勞工合計

▲圖4-5

企業不必到海外設廠，直接引進外籍勞工即可。目前我國外籍勞工分成產業、社福兩種，前者就是比較辛苦的勞工，人數從2000年的22.0萬人上升到37.7萬人；後者則是照顧居家老人、病人的看護，人數從10.6萬人上升到23.3萬人，整體勞工已經高達60.9萬

---

[73] 外籍工作者，http://statdb.mol.gov.tw/html/mon/i0120020620.htm。

人。這幾年來，透過外籍勞工的引入，也降低了企業的成本，更留下許多中高階工作的機會。

依據國內研究顯示，引進外籍勞工對國內勞動者有正、反兩面影響，企業一方面可藉由僱用外籍勞工降低成本，擴大生產規模，進而增加僱用本國勞工；另一方面也可能因為僱用外勞之勞動成本較低，而以外勞替代本國勞工，被替代掉之本國勞工極可能為低教育、低技術的就業者[74]。但是如果引進勞工就能降低對外投資件數，自然可以根留台灣，與其吸引外資投資，還不如抓牢本土資金。

## 》引進外勞與失業率的質疑

大多數反對引進外籍勞工的聲浪，是質疑失業率是否會增加？

如次頁圖（圖4-6），會發現引進外籍勞工的人數，1991～2015年間，失業率上揚，其趨勢線向上。如果把失業率的資料重疊起來，發現國內失業率自1996年起向上攀升，其至2015年之趨勢線均呈現上揚[75]。其間，因為失業率上揚所導致民間的質疑，曾多次讓政府對外勞引進改採較為緊縮的政策。

雖然如此，不代表兩者間存在有因果關係，因為在此同時，國內經濟成長率也是呈現下降趨勢（圖4-7）；所以失業率增加可能肇因於國內景氣相對冷卻，企業用人需求減少。因此，在許多研究論文中，雖然都提及到引進外籍勞工與失業率的關係，但各有正反面，難以有所定論。

---

[74] 《外勞引進政策對國人就業之衝擊評估研究》，
http://www.ilosh.gov.tw/wSite/public/Attachment/f1410917703720.pdf。
[75] 相關研究請參考《外勞引進政策對國人就業之衝擊評估研究》，
http://www.ilosh.gov.tw/wSite/public/Attachment/f1410917703720.pdf

▲圖4-6 外勞人數與失業率

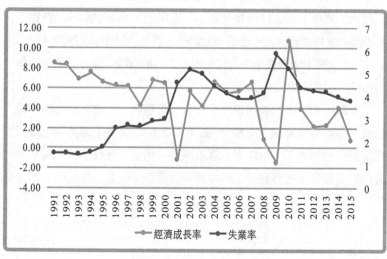

▲圖4-7 外勞人數與失業率

　　本書認為在經濟體質好的時候，人才濟濟，紛紛往都市化的熱點或者是科技重鎮集中，如果是夕陽西下的產業，根本也不會有引進外籍勞工的問題。

　　近期還有引進白領低薪的議題，過去白領人員要來台灣工作，設有最低薪資47,971元的門檻，這是為了避免有些國家的中高階人才以低薪來台灣搶工作，例如印度的資訊人才如果以半價搶薪，可能會造成中高階人才薪資的崩落。因此2016年，引進白領低薪議題在社會的質疑聲中，也暫時沉寂了下來。

　　只是薪資兩極化、世界是平的趨勢並不會改變。能夠透過網路取代的工作，都已經透過網路外包了；下一波的進擊是還無法被網路所取代的部分。未來高薪會走向更高薪，中階的部分轉成低薪，低薪的比例將會更高。

< 本 書 建 議 >

1. 引進外籍勞工未必是造成失業率的直接因素，失業的原因可能與景氣有關，反而是因為引進外籍勞工，讓更高等級的工作留在台灣。

2. 景氣熱絡之際，外籍勞工不是問題，但是景氣冷卻的時候，不只是引進外籍勞工可能會造成失業率走高，所有的因素都可能造成問題。

# 18 | 大學生晚進職場現象

## 》續戰研究所可以換取較高薪資嗎？

　　低薪的責任也不能全部歸給企業壓低成本的心態，台灣現有的「晚進早退」現象，也就是晚一點進入職場、早一點退休的概念，恐怕也是產業缺工導致產業外移的主因之一。

　　先來談談什麼是晚進？

　　簡單來說，就是晚一點進入職場。早年人們的平均壽命不長，在戰爭時代恐怕才2、30歲，當時在決定勞動人口區間時，依當時的時空背景設定為15歲到64歲；但現在教育普及，15～24歲還在高中、大學、研究所階段，使得人們進入職場的年齡開始變晚[76]。如圖4-8，1978年度的時候，15～24歲的勞動參與率還有接近六成，但到了2015年的時候，卻降到大約三成。

　　為什麼大家都喜歡去讀大學、研究所？

　　可能是傳統「萬般皆下品，唯有讀書高」觀念的荼毒。即使實際去找工作，老闆也會參考學歷給予不同等級的薪資水平。實務上曾有一名工程師謊報學歷以換取較高的待遇，公司發現學歷造假而打官司追討多拿的薪資，最後法院判決賠償21萬。

　　判決書中顯示公司有一套敘薪管理辦法[77]：（如右頁表4-7）

---

[76] 勞動情勢及業務統計資料庫，
http://statdb.mol.gov.tw/statis/jspProxy.aspx?sys = 100。
[77] 台灣高等法院104年度上易字第154號民事判決。

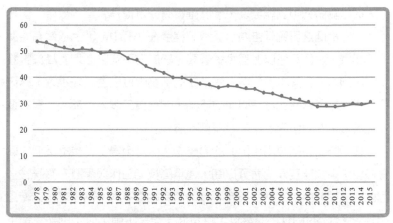

▲圖4-8　15～24歲勞動力參與率

| 最高學歷 | 起薪 |
|---|---|
| 台大、清大、交大、成大、政大研究所工科 | 45,000元 |
| 中央、中正、中山、中興、師範、高師大研究所工科 | 42,000元 |
| 私立台科大、海洋、中原、逢甲、輔仁、東吳研究所工科 | 41,500元 |
| 私立文化、靜宜、銘傳、實踐、世新、中華大學、北科大研究所工科 | 38,000元 |

\*\*以上研究所商科按工科減3千元

▲表4-7

　　不清楚這家公司對於文法科畢業生的敘薪標準。如果從上列管理辦法表列的學校來說，筆者曾就讀過中原、輔仁、中正，並任職過中央、東吳等校，分別列於第二、三等級，看來有機會能夠「洗一下學歷」，可以繼續往第一等級的大學邁進。

從相關研究中也能發現，學歷確實有一定提升薪資的效果。例如行政院主計處之研究報告顯示「教育程度在薪資中位數上依然有明顯的正相關，以研究所以上程度者最高，學歷在專科以上均有高於整體中位數的水準，其中專科與大學之間的薪資中位數差距並不大，與研究所以上之薪資相比才有明顯的不同，顯見員工個人對於人力資本進行之投資，要到研究所才能彰顯其效益。」[78]

在「勞動力市場兩極化」的討論中，中階市場工作機會降低、薪資減少，高技能工作的薪資提高。通常高技能工作與學歷有關聯性，因此前開研究所以上薪資與低學歷薪資有明顯不同，兩者之研究結果相呼應。美國近10年的資料也支持此一研究，碩士以下的薪資都下跌約7%以上，僅博士學位上漲5%多一點，醫學、法學或商學碩士學位，薪資上漲接近5%[79]。

## 》大家都是大學畢業生

此外，也有很多人認為：愈多人有大學學歷，使得學歷貶值，是低薪的原因。

這樣子的說法正確嗎？

這樣子的說法感覺有些值得商議之處。因為薪資的高低還是要回歸到供需原則。

如果因為勞動人口的「晚進」，使得勞動力的供給降低，反而因為供給降低而造成高薪的結果，但是實際上並沒有變成高薪。個人認

---

[78] 本研究報告統計2005年至2009年之數據，當時我國大專院校數已經處於高檔。參照 https://www.dgbas.gov.tw/public/Attachment/121610435271.pdf。

[79] Only Advanced-Degree Holders See Wage Gains，http://blogs.wsj.com/economics/2011/09/19/only-advanced-degree-holders-see-wage-gains/。

為「晚進職場」的結果，使得大多數的年輕人都擁有大學學位，可能只是導致薪資欠缺差異化的結果，或者是如同前文「薪資走勢兩極化」所進行的討論，學生都擠著去找大學畢業生身分應找的工作，像是坐辦公室的工作，自然讓這類型工作的薪資降低。

國內廣設大學導致大學生比例過高，且都集中到特定產業，使得特定產業的勞動供需失衡，薪資變低；反而導致許多低技術的工作因為缺工，薪資反而水漲船高。台灣大學社會學研究所博士張宜君在其「台灣職業結構與勞動市場轉型的動態分析」論文中，也點出了相同的論點：「高教擴張造成的高技術勞動力供給增加，造成高教育勞動者的教育報酬下降，而使低教育勞動者的薪資提升[80]。」

## 》大學生的「文人態度」

個人認為廣設大學的影響是「文人態度」的問題，如同前面所提到社會上瀰漫著「唯有讀書高」的氣氛。既然讀書高，怎麼可能願意做黑手或粗重的工作呢？換言之，大學畢業生即使沒有專業技能，也寧願偏向尋找服務業的工作機會，當個穿得乾乾淨淨、體面的工作人員，即使低薪也沒關係。

像是汽車博士龐德，自幼家庭環境就是父親期待小孩子能上一流學府，但他卻讓父親失望，姐姐徐薇錄取台大外文系，二姐外交特考第一名。龐德緊握對汽車機械的熱愛，願意堅持在人稱黑手的汽車修護領域，直到發揚光大[81]。但是，類似於龐德的故事畢竟還是相對少數。

[80] 張宜君，《台灣職業結構與勞動市場轉型的動態分析—1978-2012》，台灣大學社會學研究所博士論文，2015年。
[81] 龐德，〈領「水電行獎」的畢業生〉，親子天下。

　　接著，讓我們來探究一下增設這麼多大學的起源。

　　1949年政府遷台之初，台灣只有一所大學（即現在的國立台灣大學），三所獨立學院，一直到2000年計有大專校院135所，這一段期間，尤其是1980年代正值人口高峰期，單齡人口超過40萬人，學校於2000年時快速成長有其人口結構上的需求；但在歷經幾年出生人口數大約在40萬人的高峰之後，隨即下滑，且下滑幅度驚人，開始邁入一段時間的30萬出生人口，而目前出生人口正下滑至接近20萬，而且在2016年開始對大學新生入學狀況進行第一波衝擊。

　　依據「教育統計查詢網」所查詢資料顯示，這幾年大學院校數目大約都在158間左右，相較於2000年的135所還增加了23所，即便2014年，高鳳數位內容學院吹了熄燈號，但整體淘汰速度還是過於緩慢。李誠先生所寫的「台灣的大學真的太多了嗎？」，提到新加坡才4所大學，大約125萬人才1所大學；香港7所大學，每100萬人1所大學，台灣2,300萬人，卻有160所大學，每14萬人即有1所大學[82]。

　　此種大學數量過度膨脹的結果，實在讓人憂慮，大家都跑去念大學，其中有很多是過去的專科院校升格成為科技大學，也讓實質上進入製造業的勞動人力減少，大學畢業的學生不太喜歡勞累的工作，開始流入低薪的服務業。因為書唸多了，難免會產生高學歷的驕傲感，對於低階的工作就不願意從事。所以，「晚進職場」導致學生偏向於服務業發展，後一章節會談到「服務業的崛起」，再仔細說明。

---

[82] 參見遠見雜誌第2013年1月號，
http://www.gvm.com.tw/Boardcontent_21474.html。

< 本 書 建 議 >

1. 大學普遍化，使得「人才」不願意去「低就」，我們必須重新
   思考大學教育帶給我們的價值。
2. 當大家一窩蜂跑去念大學的時候，技職體系反而是可以考慮的
   出路；但是如果政府開始勸大家轉念技職體系時，就要小心是
   否要聽從政府的建議。

# 19 │ 服務業的崛起

## 》大專兵那一點點驕傲的心

「缺工的事實，你到工廠走一趟就可以明顯感受到」，台大國家發展研究所副教授辛炳隆走訪多家工廠後，發現老闆、老闆娘和老闆的媽媽全親自上工，即便開了月薪 5 萬元的缺，還是很難找到人[83]。

還記得當年當兵的時候，大專兵向來接受到的待遇會比較好，如果是高中、高職畢業就去當兵的學生，因為學歷比較低，所以會被安排在比較低階的工作，像是「清潔排」，專門負責掃廁所、處理垃圾的工作。當時碩士人數也很少，甚至早年只要是碩士就能夠直接當預官，隨著碩士人數暴增，現在當然也就無法直接當預官。

大專兵，在軍中這種地方會自成一個階層，一個相對於一般兵高一點的階層。也許是前面所說的大學普遍化所產生的後遺症，每個人都換了腦袋，認為自己既然是大學生，那可就高一個階層了，怎麼可以再去做低階層的工作。

只是，大家忘記了，因為大學過度氾濫，大部分的學生都變成同一個階層的「大學生」；而大部分製造業的工作都還是傳統觀念中比較低階層的工作，人數需求量大，就如同一個工廠裡面，工人本來應該占90%，管理階層可能只有10%，但現在反過來了，這些「大學生」搶著當管理階層，使得管理階層人數高達90%，卻都不願意參與生產大軍。

---

[83] 李立心，〈缺工 台灣比日韓嚴重〉，天下雜誌第573期，第50-53頁。

## 》服務業比例逐漸增加

試想看看，假設大學畢業後，沒有特殊知識與技能的你，現在有兩個工作選擇，第一個工作機會是到南亞公司的工廠工作，努力加班可以領個4萬多，還是希望到誠品書店當櫃台人員，薪資可能才2萬8之譜呢？相信誠品書店應該是比較多人優先的選擇。

從1996年開始的資料，工業與服務業整體就業人口為5,687,101人，隨著就業人口增長上升到7,427,495人（2015年底），增加了30.60%；但是工業人口卻僅僅從2,915,667人，增加到3,242,546人，上升了11.21%；而服務業人口則從2,771,434人，增加到4,184,949人，上升51%[84]。

其中，工業與服務業占比變化如下：

1996年　工業：服務業的占比＝51.27%：48.73%

2015年　工業：服務業的占比＝43.66%：56.34%

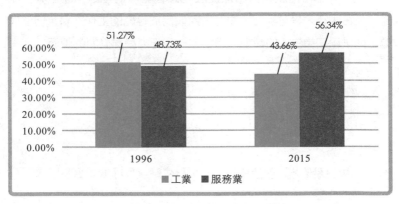

▲圖4-9　工業與服務業占比變化

[84] 104年薪資與生產力統計年報，
http://www.dgbas.gov.tw/ct_view.asp?xItem＝37472&ctNode＝3367。

工業中占最大宗的是製造業與營造業，兩者相加的成長率也僅11.61%，其中營造業的人數則是呈現負成長，顯然與統計數據中的總就業人口成長幅度30.60%差距甚大。

在服務業中，挑選印象中低薪，包括「批發及零售業」、「住宿及餐飲業」、「支援服務業」、「藝術、娛樂及休閒服務業」以及「其他服務業」，成長也高達77.52%。（如下表）

| | 批發及零售業 | 住宿及餐飲業 | 支援服務業 | 藝術、娛樂及休閒 | 其他服務業 |
|---|---|---|---|---|---|
| 1996 | 291 198 | 44 757 | 22 415 | 10 030 | 19 476 |
| 2015 | 436 809 | 147 312 | 51 553 | 25 550 | 27 317 |
| | 50.00% | 229.14% | 129.99% | 154.74% | 40.26% |

▲表4-8

顯然大部分的就業人口都往服務業移動，這也是一個根本的問題，是否因為大學普及化，使得大家偏向於輕鬆的工作，薪資自然很低。而排斥工業生產的類型，恐怕是一個必須嚴肅面對的課題。

< 本 書 建 議 >

1. 如果台灣依舊以製造業為主，大學生應該屏除非辦公室工作不做的心態。
2. 我國製造業與服務業的結構比例大幅度改變，未來應該朝著服務業加值化、專業化的方向前進，平均薪資始有提升的機會。

# 20 │ 負面效應： 競爭人力不斷流出

## 》大聯盟，棒球球員的終極殿堂

棒球，在台灣可算是國球。

國小的時候，學校組了個棒球隊，當時大家都窮，只有棒球隊才會有比較好的手套可以玩棒球，所以進入棒球隊就成為大家的夢想。體弱多病的我雖然也想要加入棒球隊，但連被挑上選拔的機會都沒有，只能在旁邊看看別人練球，流口水的份。無論如何，熱愛棒球的這片土地，卻也孕育出許多優秀的棒球選手。

只是當這些棒球選手成長茁壯時，卻都被美國職棒或日本職棒以滿滿的簽約金帶離台灣，在世界最偉大的職棒殿堂中奮戰，等待著勝利的歡呼聲。能力稍微差一些的選手，無緣到海外比賽，只好留在台灣為台灣職棒奉獻。

通常隔了幾年，在美日職棒圈中奮戰的選手，會因為表現、年紀、受傷或其他因素，回到台灣繼續打職棒，美其名是回饋台灣的栽培，但是說難聽一點，不過就是剩下一些殘餘價值，還能在台灣職棒賣點價錢，即使薪水遠遠不如美日職棒，但能拿就拿吧！

### 薪資，是吸引人才流動的關鍵

2014年底，39歲的黑田博樹在道奇和洋基待了7個球季之後，捨棄在美高達21億日幣的年薪，屈就於前東家廣島鯉魚隊所提供1/5不到的4億日幣年薪。在2008年前往大聯盟之前，黑田就是廣

島王牌，他從1997～2007年在廣島待了11年，也對老東家的感情深厚。之前他就說過，希望能在退休前回到日本，在廣島結束自己的職棒生涯，如今他說到做到，並能夠在尚稱高峰的狀態下回饋廣島的家。

黑田博樹的例子畢竟還是少數，台灣職棒人才流失的現象更是慘烈。類似人才流失的現象，也會出現在許多其他產業中，只是職棒與其他產業人才流失的差異，在於職棒選手即使在美日打球，透過轉播一樣可以看到精彩的球賽，而且國際賽事還是可以為國家隊效力；但是，產業人才就不一樣了，當你替其他國家效力，就可能導致自己國家經濟實力受損，必須要認真面對。

## 》強大競爭力，但人才卻嚴重流失

瑞士洛桑管理學院（IMD）發布「2015年世界競爭力報告」，台灣總排名進步兩名，回到2013年時的名次第15名；在「企業效能」面項下的各項指標，可看出台灣企業國際化程度低，已讓人才望之卻步。最令人憂心的是「人才外流」（第50名）、「對外國技術工作者吸引程度」（第47名）以及「國際經驗」（第36名），名次持續退步[85]。

天下雜誌於2014年針對「台灣近來人才流失嚴重，你覺得主要原因是什麼？」所做的人才大調查中，接受問卷訪問的人資長有50%認為「薪資沒有競爭力」是人才外流的首要因素[86]；同時受訪的台灣工作者與海外工作者，認為「薪資沒有競爭力」是人才外流的首要因素的比例，更是分別高達73.12%、75.75%。

---

[85] 劉光瑩，〈台灣進步兩名 國際化是最大危機〉，天下雜誌第573期，第212-214頁。
[86] 本次接受問卷訪問的14位人資主管：橫跨不同產業、不同領域、不同世代，包括：王品集團、中租控股、台積電台積學院、3M、研華科技、麥當勞、富邦金控、國泰金控、統一超商、誠品、匯豐銀行、聚陽實業、廣達電腦、及鴻海等。參照「台灣人才大調查」，http://topic.cw.com.tw/taiwantalent/officeal/survey.aspx。

根據韜睿惠悅發布的亞太區「2014整體獎酬市場調查報告」顯示，我國高階主管薪酬水準520萬元，在亞太13國排名第10名，早年所謂的四小龍中，只有南韓580萬元與我國較為相近，其餘香港870萬元與新加坡1,040萬元，早就將台灣遠遠拋在腦後[87]。

針對目前出走海外的台灣人究竟有多少？經濟學者朱雲鵬於2015年撰寫的「台灣人才外流問題與對策」中指出，以最保守的相關統計來推估，移民、工作或經商而滯留國外的人數至少有百萬人，其中，至少有一半是滯留在大陸[88]。

台灣的薪資無法吸引或留下人才，是一件事實，這也不是台灣獨有的狀況；日本在2005年左右，面臨金磚四國[89]的崛起，已經呈現老化的日本，國內優秀人才都流動到海外工廠[90]；台灣與日本的情況很類似，少子化、高齡化，雖然還沒有追上日本的嚴峻程度，但轉變的速度卻超過日本，難怪英國牛津經濟研究院（Oxford Economics）發布的「全球人才2021」（Global Talent 2021）報告表示，2021年之人才供需狀況，台灣人才短缺嚴重程度將是世界第一[91]。

## 》員工分紅費用化

2008年，台灣取消配股制度改採用「員工分紅費用化」的新制，雖一定有正、負面之影響，然對企業有人才流失，對員工實質所

---

[87] 台灣高階主管薪酬排名直落，在亞太13個國家排名第10，落後泰國、馬來西亞、印尼，https://www.towerswatson.com/zh-TW/Press/2014/10/TRS-Finding-on-Taiwan-Executive-Compensation。

[88] 朱雲鵬 、周信佑，〈台灣人才外流問題與對策〉，http://www.npf.org.tw/3/15115。

[89] 巴西（Brazil）、俄羅斯（Russia）、印度（India）、中國（China）取此四國英文國名之字首為BRIC，與「磚塊」（BRICK）音相似而得名。

[90] 大前研一，《M型社會》，第94頁。

[91] https://www.oxfordeconomics.com/my-oxford/projects/128942。

得降低、考慮轉職，是不爭的事實[92]。到底差多少呢？舉個例子，電子產業早期配股的方式，若以1,000萬元當作分紅，則以每股面額10元去計算員工分紅的配股數（一張1,000股，每張1萬元），即員工共可以分到1,000張股票；但是在「員工分紅費用化」的新制下，則是以每股市值，假設為500元計算，那麼就只能分到20張股票。

從原本的1,000張縮水成20張。

以前員工分紅不列為費用，台灣高科技公司大量分紅給員工，雖然造成投資人的權益嚴重受損，但也讓員工紛紛賣力工作，使得許多三十歲就退休的故事不斷地上演。筆者再從損益表的角度來分析制度前後的差異，假設一家高科技公司年營收100億元：

100億元－成本50億元－費用25億元＋業外收益5億元
＝稅前淨利30億元
稅前淨利30億元－稅5億元
＝稅後淨利25億元

原本股東可以分到25億元，但這時候經營階層決定分紅15億元，雖然財報數字25億元稅後淨利非常亮眼，但真正到股東手中的只剩下2/5；但是，隨著「員工分紅費用化」制度的實施，紅利必須列為費用，如果一樣分紅15億元，則費用增加為40億元，稅後淨利只剩下10億元。

雖然公司法修正將員工分紅費用化，還是有一定的配套措施，例如規定公司應於章程訂明以當年度獲利狀況之定額或比率，分派員工

酬勞。只是這樣子的比例，與過去的分紅相差甚遠；所以之前科技業工作個幾年，領了大筆的紅利就能夠早早退休；但是現在的竹科工程師，辛苦到快要換肝，還是得繼續奮戰。因為企業不太願意分紅，以避免財報數字難看，但也造成難以吸引與留住人才。

## 》高薪，不一定有好的表現

只是我們還是要思考一個問題，高薪是否會有好表現呢？恐怕未必，最讓人印象深刻的例子，當屬讓宏碁股價哀聲不斷的前執行長蘭奇，退職金高達12.84億元，這麼高薪的蘭奇，卻落了個幾乎遭宏碁轟出去的下場。

因為當時營收暴衝，使得股價來到了百元關卡，但最後發現根本是塞貨塞出來的虛幻效果，實際上營運的銷售狀況很差。這位國際級的CEO為了帳面上數字漂亮，玩了這一場遊戲，也讓宏碁的股價從100元變成了10元，成為「最刺激人心」的故事。

在拙作《圖解魅力學》中提到Karl Dunker於1945年所提出的「蠟燭難題」（Candle Problem）。這個問題是，假設你正坐在一個房間裡面進行一個小小的實驗，桌上有個放了火柴、蠟燭、圖釘的小盒子。研究人員請你將蠟燭固定在牆壁上、點燃，然後蠟燭不滴蠟油到桌上？

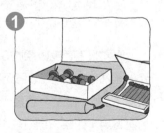

許多人會試著用圖釘把蠟燭釘在牆上，也有人會嘗試將蠟燭的蠟塗在牆上，固定好蠟燭，但都發現無法解決問題。其實這個研究的答案很簡單，請看一下底下這張圖。

很簡單吧！只要用圖釘把盒子先釘在牆壁上，接著把蠟燭放在盒子中點燃，問題就解決了。當然重點是圖釘可以釘入牆壁內，如果是水泥的牆壁，恐怕也比較難完成這個任務。

後來又有延伸性的實驗，由Glucksberg主持，實驗分成兩組，對參與人員表示本實驗室要找出誰能夠最快想出「蠟燭難題」的解答。對其中一組說，你們的成績會做成平均數，來量度解決這個問題所需要時間的標準；而對於第二組則提供獎勵，最快解決難題的前四分之一的人，可以得到5美元，最快的一位，可以得到20美元。

哪一組會比較快呢？照道理來說，有獎勵的哪一組應該會有比較快的表現，因為有錢當作驅動思考的動力；然而答案卻是相反，有獎勵的那一組平均慢了3分半鐘才想出答案。這個實驗告訴我們，對於有「創意」的問題，給了獎勵反而是反效果。

讓我們把實驗稍微改變一下……（圖釘不再擺在盒子裡面）

這時候一樣分成沒有獎勵與有獎勵兩個組別。這一次，第二組有獎勵的反而大獲全勝，速度快很多。差別在哪裡呢？因為這張圖中的盒子，不再只是裝圖釘的工具，它變成一個單一選項，所以很容易想出答案。對於這種顯而易見的答案，獎勵就有大大的效用。

很多人認為唯有靠重金才能打造優秀團隊，但是砸錢下去，是否就會產生高效益呢？ Dan Pink在TED的演說中，舉出這一個蠟燭難題的實驗，並據此說明傳統的獎勵並非如我們所想的必定奏效[93]。蠟燭問題是一個很有趣的思維，第一個啟示

---

[93] 叫人意想不到的激勵科學（TED中英文字幕）：http://youtu.be/rFVhkIrVDzM。

是人們總是很難突破現有的思維，而在自己畫的圈圈中走不出來；第二個啟示則是人們總是認為只要重金懸賞必有勇夫，但實際上重金花下去，未必能有預期的效果，尤其是需要創意的工作，恐怕未必能有好的成果。

<《本書建議》>

1. 世界是平的，人才流進流出係屬正常，應強化吸引人才。
2. 台灣人才快速流出，卻排斥外來人才，當台灣的人才愈來愈少，反而無法建立一個競爭環境。
3. 創意的工作，用金錢激勵未必有效。

# 21 | 產業補助了誰？

## 》高用電量的價格應該更高

　　說一下電價補貼的議題，國際間的大企業紛紛在台灣設立資料中心，像是Google與Facebook已經或正計畫來台灣，其中一個理由就是水電價格的便宜化。個人一向主張要補貼可以，但不要再補貼那些耗水電的產業，而那些產業通常是毛利率極低的產業，可能是造成低薪的原因之一，也有很多論點採取相同的見解[94]。

　　此外，還有許多無效補貼，隨著國家越來越窮的年代，有限的資源，將會出現不同勢力的爭奪；譬如投資人抱怨買股除息所得為何要繳健保補充費？有錢人為什麼只繳納10%的遺產稅？公務員55歲早早退休，每月爽領退休金，根本是下一代的吸血鬼；農民寒害，為何要拿人民納稅錢來補助……等。

　　補貼，是拿我們的稅金來補貼。國家有錢，都不是問題；沒錢，通通是問題。

　　回到電費補貼的議題，右頁表是各種電力的價格，民生用戶的價格比較高，耗電量大的企業電價比較低[95]。從購買量大可以降低價格的角度來看，似乎沒有什麼問題，就像是你買一罐飲料30元，但買一

---

[94] 〈馬政府和台電正在偷你的錢〉，http://www.thinkingtaiwan.com/content/962。

[95] 各類電價表及計算範例，http://www.taipower.com.tw/content/new_info/new_info-d13.aspx?LinkID＝14。本表僅列出夏月週一至週五的計算標準，仍有許多變化型的電價表。

箱可能只要一瓶25元；但是，能源具有「有限性」，要像稀有動物一樣地保護，對於使用量大者應該要加以懲罰，反而要提高價格來降低使用量。所以高用電量，用電單位價格應該增加。

（元／每度）

| 夏月<br>週一至週五 | 尖峰電費 | 離峰電費 | 適用範圍 |
|---|---|---|---|
| 非營業用電 | 3.98 | 2.06 | 住宅、機關、學校，非營業性質的機構 |
| 營業用電 | 3.98 | 2.06 | 小商店、辦公室，營業性質的機構 |
| 低壓電力 | 3.98 | 2.06 | 機關、學校、超商、小型商場、中小型工廠 |
| 高壓電力 | 3.89 | 1.99 | 契約容量100瓩以上之工廠、百貨、機關、學校 |
| 特高壓電力 | 3.83 | 1.94 | 契約容量1,000瓩以上之工廠、捷運、鐵路及機場 |

▲表4-9

## 》資源用在刀口上

2016年10月電價成本為2.3093元，相較於2014年3.0160元降低0.7067元，依據其成本結構，主要是燃料項目從1.9008元，降低為1.7067元，降幅為0.6976元。由於電價成本低於目前平均電價2.6504元，使得2014年稅前盈餘140億元，2015年稅前盈餘增加至613億元[96]。（2013年決算尚虧損-178億元，2012年實施兩階段電價調漲）

[96] 電價成本，http://www.taipower.com.tw/content/new_info/new_info-a02.aspx?LinkID＝22。

　　目前因為國際油價下跌，以及國內採行電價調漲措施，使得台電有一定的獲利，也甩開多年的虧損問題。目前平均電價為每度2.6504元，但電價成本若因為油價上升而拉高，恐怕又要產生虧損。

　　無論是虧損與否，有一個很重要的議題，就是不管盈餘或虧損，油價補貼應該要有效益，別把補貼補在不該補的地方，就好比是老人津貼應該增加排富條款一樣，不應該連郭台銘先生首富等級的都要補貼。現在雖然用電方面有盈餘，但不能就此亂花錢，開始亂開支票，還是要把錢用在刀口上。

> 無論有無虧損，都應該把資源用在刀口上

## 》設定真正值得補助的條件

　　如果產業不賺錢又高耗能，對於我國產業若無明顯的效益，例如增加就業率、貢獻GDP，實在沒有必要拿全民稅金來補助低效益的企業，否則透過水電費的補助、匯率貶值的措施，使得獲利低的產業還能存活下來，吸食著我國主要的命脈，反而讓真正有需求的時候，資源不足而左支右絀、捉襟見肘。

　　我國對於電力使用大戶，應該採取高電價來抑制使用量，當你補助這些產業，還給這些企業成本價以下的電價，這些企業雖然因為補助而存活下來，但卻無法給付較為亮麗的薪水，也就會導致低薪的成因之一。反之，如果對於符合一定條件的企業，則可以降低電價，例示如下：

1. 營利率達到20%的企業或國家重點發展企業
2. 繳納稅金達到一定金額以上之企業（繳納金額應該要遠大於補助電價之金額）

3.聘用員工超過一定人數（員工繳納稅金要遠大於補助電價之金額）

| 股票名稱 | 營益率 | 員工人數 |
|---|---|---|
| 第一店 | 63% | 42 |
| 可寧衛（8422） | 52% | 150 |
| 大立光（3008） | 50% | 6122 |
| 為升（2231） | 44% | 526 |
| 萬企（2701） | 40% | 18 |
| 台積電（2330） | 38% | 43577 |
| 日友（8341） | 39% | 374 |
| 可成（2474） | 36% | 3339 |
| 新興（2605） | 34% | 448 |

▲表4-10　企業營益率與員工人數（2015年）

表4-10為上市公司盈利率超過30%（扣除掉營建類股與金融類股），最右邊一欄則是聘雇的員工人數（可能包含海外子公司人數），如果國內聘僱員工人數超過500人以上，訂定不同階層給予電價之補助，其他不符合規定者不予補助。

上述有大立光（3008）、為升（2231）、台積電（2330）、可成（2474）、新興（2605）符合盈利率超過30%，聘顧員工人數超過500人以上。提供這4家一定的電價補助，其餘雖然營利率有達到標準，但聘雇員工少，就不予以補助，如此一來，讓有限資源用在該用的地方；此外，毛三道四產業、無大量聘僱員工的企業，更不可能靠吸食人民稅金補貼而存活。

## 》經濟下滑的無核家園

台灣未來因為人口結構、產業外移的趨勢不變，國內的用電需求應該會降低。參考台電的聲明，加上再生能源挹注及新機組可望提前商轉，預估非核家園實現前的 2023～2024 年備用容量率可由負轉正，但並不表示不會缺電，只是風險較低。

只是目前是預估政府提高再生能源目標及台電林口、大林及通霄電廠更新擴建、大潭電廠等新的發電機組提早 2 年半商轉，都有助於提高備用容量率。參考台電所提供之資訊，2015 年台電系統火力發電量占比為 78.4%（含汽電共生之垃圾、沼氣發電），其餘抽蓄水力占 1.42%，核能占 16%，包含慣常水力的再生能源占 4.2%[97]。（參見圖 4-10）未來的發電主力還是火力發電，無論運轉效率多高，對於空氣汙染的狀況將有增無減，降低火力發電的比例，將成為未來發電議題的主軸，而關鍵點在於環保能源能跟上腳步，逐步取代火力發電的比例。

台灣各縣市對於環保要求日益升高，火力發電也難以被接受，如同台中市的「台中市公私場所管制生煤及禁用石油焦自治條例」，台中火力發電廠減少生煤使用量 40%，就可能讓未來的尖峰電力調度出現問題。因此，未來太陽能、風力發電效率提高後，應可彌補供電缺口，也期待提高比例成為未來發電的主軸。

---

[97] 火力發電概況，
http://www.taipower.com.tw/content/new_info/new_info-b12.aspx?LinkID＝6。

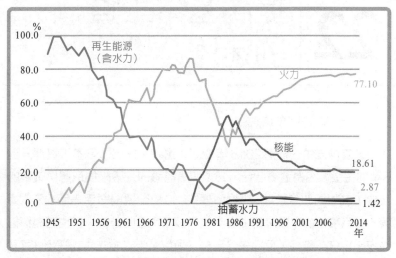

▲圖4-10　台電系統歷年發電構成比（圖片參考台電網站）

 本書建議

1. 因為人口結構的問題，台灣未來經濟不看好，因此缺電的可能性將降低。
2. 不管是否有缺電的可能，全民共享的資源應該分配在刀口上。

# 22 | 提高基本工資的迷思

## 》基本工資的辯論

朱立倫先生在競選2016年總統大選時，提出了基本工資提升到3萬的主張。因為選情低迷，必須靠著誇張的主張來換取選情突破的機會，就如同跆拳道競技場上，最後30秒卻還與對手差距5分，如果不採取積極的攻擊策略，根本沒有扳回比分的機會，但也因為積極進攻出現許多破綻，反而失分更多。所以，朱立倫先生會提出3萬基本工資的主張，看起來頗為突兀，但在短兵相接的選戰中，尚能讓人理解。

當對手反諷其基本工資提高到3萬元的主張時，朱立倫先生反而提醒對手一件事情，2014年，美國有7位諾貝爾經濟學獎得主與600位經濟學家背書，希望基本時薪從7.25美元調高到10.10美元，漲幅高達39%。但是，美國這幾位諾貝爾獎得主的主張，社會上還是出現許多反對的見解[98]。

台大經濟系系主任林明仁分析多篇學術論文發現，提高基本工資與失業之間的關聯性，主張「影響」與「不影響」者均有，前者篇數顯然比較多；只是小幅度的調整也許沒有太大的影響，過高的基本工

---

[98]  Seven Nobel Laureates Endorse Higher U.S. Minimum Wage，http://www.bloomberg.com/news/articles/2014-01-14/seven-noble-laureates-urge-increase-in-u-s-worker-minimum-wage。

資則真的會對就業造成嚴重打擊[99]。不過我們必須謹慎看待學術研究的結論，畢竟這些研究都有其限制，僅在特定期間或特定條件才會存在的研究結果，若是冒然依據這些研究的結論訂定政策，而不審視整個研究的細部條件，將是一件非常危險的事情。

像是美國經濟學家克魯曼肯定採取提高基本工資的主張，認為不會有什麼影響[100]，對此有很多人士反對，認為若是沒什麼影響，為何不乾脆繼續提高。當然，美國還真的有一些更積進的主張，像是每小時時薪提高到25美元，將不會有人低於美國目前的平均時薪。只是這樣子的主張，從老闆的立場來看，乾脆請高技術人才即可，為何還要請這些低技術的人才；或者是採用其他營運模式，譬如說麥當勞點餐人員改成機器人，以降低人事成本不斷上揚的風險[101]。

大陸不斷地快速調整薪資，讓鴻海集團更堅定朝向機器人大軍之路邁進，對於擁有13億人口的大陸來說，這可不是什麼好消息。安東尼·阿特金森在其《扭轉貧富不均》一書所提出的十五項提案中，指出政策決策者要從「提高勞工僱用量」與強調提供服務的真人面向角度來鼓勵創新。換言之，找出新的市場、創造新的就業機會，而不是透過形式上基本工資快速上漲，此種粗糙的解決之道會迫使雇主改變生產、營運模式，以解決人事成本上升的風險。

---

[99] 〈有關最低工資，朱立倫沒說的是……〉，

http://www.cw.com.tw/article/article.action?id = 5073615。

[100] Liberals and Wages，http://www.nytimes.com/2015/07/17/opinion/paul-krugman-liberals-and-wages.html。

[101] Sorry, Paul Krugman: The Minimum Wage Won't Miraculously Cure Poverty，http://thefederalist.com/2015/07/17/sorry-paul-krugman-the-minimum-wage-wont-miraculously-cure-poverty/。

舉個例子，病人看到醫生發抖的雙手都快昏倒了，心想那一把手術刀會不會不小心滑穿刺破了他的心臟？好險，隨著醫療技術的創新與進步，醫生可以透過機器人手臂，即使在很疲憊的狀況下，累到雙手發抖也能精準手術。

就算醫師已經無法用手操控手術刀，但還是可以透過機器手臂的操控，如同相機防手震模組，提高手術的精準度。此種機器手臂的開發，有助於醫療科技的演進，並不會讓醫生的需求降低，反而會提升醫生的價值；反之，若是透過人工智慧、大數據的開發，讓許多疾病只要說明病情，與醫生一樣看診水準的機器人依舊可以開藥方，甚至於可以動手術，則會造成醫療體系工作需求的大崩落。

在衡量人工智慧的角色，目前都還定位在輔助醫師決策之用。但是可能有一天，醫師的薪資不斷攀高，這時候院方會認真思考這些原本輔助的角色，是否可以取代成本高昂的醫師，如果效果差不多，就只要留下幾位醫師即可。綜上，政府的政策應該要避免企業選擇取代人工的革命化策略，不斷無上限地提高工資，必然會迫使企業選擇各種取代人工的方案。

## 》基本工資與失業率

國內也常聽到許多政治人物、勞工團體與民眾都希望透過調高基本工資的方式，讓勞工實際領到的錢能夠更高，如同圖4-11所顯示的內容，基本工資與平均薪資呈現正相關，兩者具有高度相關性，但不代表有因果關係，只能說有可能提高基本工資，也可以提高平均薪資；但也有可能是其他因素造成平均薪資提高，像是全球經濟變好、需求旺盛，所以即便是基本工資不斷上調，廠商因為獲利太高，並不受到基本工資影響，還是願意給予很高的薪資。

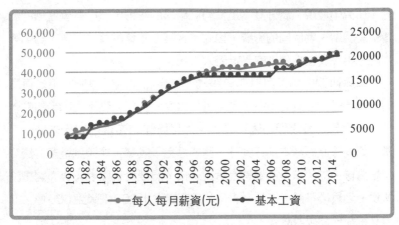

▲圖4-11　平均薪資與基本工資

　　國內有研究針對2007年7月基本工資依行政院漲幅9.09%的調整方案調漲，其中時薪工資漲幅高達44%（66元調整至95元）。此一研究目的在於分析調整基本工資對事業單位與勞工的影響，並以台灣地區便利商店及加油站業者為研究對象，研究結果發現對時薪勞工有顯著負面影響；從勞工就業結構結果顯示，基本工資的提高使業者減少對時薪勞工的需求，間接增加了全職勞工的就業機會；在勞動成本方面，基本工資對便利商店之勞動成本有顯著的正向影響[102]。

　　另有研究認為：長期而言，基本工資的調整對全國薪資與服務業薪資有顯著的負向影響，並可能轉而聘僱非典型就業者[103]。還有研究針對基本工資與不同學歷勞工的就業率及勞動參與率是否有不同的影

[102]　羅明華，《2007年基本工資調整之影響——以便利商店及加油站爲例》，中央大學產業經濟研究所，2009年。
[103]　謝念億，《基本工資調整對薪資之影響分析：以台灣製造業及服務業爲例》，中央大學產業經濟研究所，2014年。

響。研究中發現，調升基本工資對就業率的影響，以中等學歷組的影響最為明顯，為反向的影響，也就是說基本工資調整了以後，對中等學歷的男性及女性勞工的影響最大[104]。

單靠研究的結果可以作決策嗎？如果認為這些研究結果是可靠的，這樣子的思維恐怕很值得商榷，畢竟我們只看到不同因素的關聯性，未看到兩者之間的因果關係，而且可能還有其他因素未納入考量。如同據此將基本工資調升，目的是為了讓勞工能領到更多的錢，但是這樣子的決策是否像是證所稅一樣，想要實現賦稅正義而開徵證所稅，到最後不但沒收到幾個子，成交量從1,200億降到600億，連證交稅都一起少收許多。

當政府以法律政策的強制手段，要求企業主提升基本工資的做法，將會使得許多勞工面臨失業的可能。王伯達先生所著《誰把台灣經濟搞砸了？》中提到此一思考點，例如基本工資從2萬提高到3萬，原本有3位員工分別領取3萬、3萬與2萬，平均薪資是2.67萬元。其中領2萬的員工可能會遭到雇主解聘，因為老闆認為這位員工只值2萬，不願意花3萬元聘請。因此，解雇了第3位員工，剩下兩位員工的平均薪資為3萬元，固然平均薪資提高了，但是失業率業可能因此而升高。

對照前頁的圖4-11來看一下圖4-12，是否發現一件事情，當基本工資提高的時候，似乎失業率也有向上的趨勢，如果將圖4-11、圖4-12結合起來，是否可以導出基本工資提升將提高平均薪資，但可能也會拉高失業率的結果，與王伯達先生所闡述的情況較為接近。（圖4-12關聯係數為0.679）

---

[104]　詹潔珍，《調整基本工資對台灣勞動市場的影響之實證研究》，世新大學經濟學研究所，2008年。

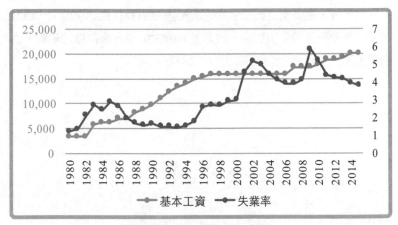

▲圖4-12　基本工資與失業率

　　基本工資也不是台灣獨有的制度,許多國家也都有類似的機制,只是各國也對於如何訂定基本工資感到苦惱。依據「所得與財富歷史研究教父」安東尼‧阿特金森在其著作《扭轉貧富不均》一書中引用的資料顯示,經濟合作暨發展組織(OECD)、拉夫堡大學社會政策研究中心等單位的研究結果,建議的數字都大約是「薪資中位數」的2/3,但沒有一個國家接近超過這個標準,最高的法國也只有達到約60%[105]。

　　我國中位數薪資大約是32,000元,即便以等同法國最高的60%為基本工資比例來計算,也就是19,200元,與目前基本工資20,008相去不遠。如果達到朱立倫所說的30,000元,則比例上高達93.75%,比例上偏高許多。綜上,到底是世界各重要經濟研究單位

---

[105] 另可參考Minimum wage,http://www.economist.com/blogs/graphicdetail/2013/04/focus-2。

的研究正確，還是朱立倫先生當時的競選主張有其獨到之處，一個政策的成敗需要經過多次討論，也須要有強大的幕僚團隊進行規劃，否則提出了一帖猛藥，恐怕敢吃的人也不多。

1. 政府才是問題的所在，而不是解決問題的方案。
   （Government is the problem, not the solution.）
2. 政府操控著基本工資，有限度的調高也許不會提高失業率，但過度地調高必然會造成負面效果。

# 誰砍倒了復活節島的
## 最後一顆樹

# 23 | 不喜歡看到車尾燈的感覺

在探討低薪的解決之道時，要先思考一個問題：我們真的低薪嗎？依據PEW研究機構針對全球收入進行調查，其中台灣九成民眾收入為中產以上，幾乎沒有窮人[106]。該研究將收入分為五種等級：

| 高收入 | 每日生活費50美元（約1551元台幣）以上。 |
|--------|------------------------------------------|
| 中高收入 | 每日生活費20～50美元（約620～1551元台幣） |
| 中產階級 | 每日生活費10～20美元（約310～620元台幣） |
| 低收入 | 每日生活費2～10美元（約62～310元台幣） |
| 貧窮 | 每日生活費2美元（約62元台幣）以下 |

▲表5-1

調查指出，台灣2011年的低收入以下人口占總人口0.7%；中產階級為8.7%；中等以上和高收入者則占總人口90.6%。因為台灣的最低基本工資是20,008元，已經超過本調查中產階級的上緣。

剛看到這一項研究結果，還真是讓我哭笑不得，如果選舉時刻放到網路上，一定被酸到不行。但是如果我們嘗試從全球性的角度觀察，難道事實不是如此嗎？我們並不低薪，而是相對於香港、新加坡、韓國等國家，現在的我們是相對低薪。

這一篇文章也曾貼在網路上，引起網友質疑數據的可參考性。我

---

[106] 〈皮尤全球收入調查：台灣九成民眾收入為中產以上，幾乎沒有窮人〉，
http://www.thenewslens.com/post/187876/。

國網友習慣於台灣的狀況，所以會以台灣的標準來看全世界。大前研一在其《M型社會》一書中提到日本的情況，歸類在日本中下階層者的收入，以世界基準來評斷的話，還算得上是中上階層，但是這個階層的收入卻無法讓大多數的日本人過得富足[107]。

更慘的是中國大陸，薪資還在低薪資水平，但卻因為印鈔票的結果，美國印鈔給中國政府，中國政府印鈔給人民，美國拿印出的鈔票跟中國換商品，新增的商品留向了美國，新增的貨幣卻留在了中國市場，不斷稀釋老百姓手頭貨幣的購買力，以及有限商品相對於大量增加貨幣的高物價壓力[108]。

再以開車來比喻好了，年輕的時候喜歡開快車競速，轟隆轟隆的引擎聲告訴我們，車子行使的速度已經很快了，但前面有一輛車就是比我們更快，很難忍受看到別人車尾燈的感覺。現在的我們，一直看到別人的車尾燈，覺得自己是最後，殊不知後面還有100輛車。

< 本 書 建 議 >

1. 我國生活水平從鄰近競爭國家來看並不高，但如果與全世界相比擬，卻算是相當不錯的國家。

2. 人性難以跳出目前的框架，從全世界的角度理解自己的狀況，總是希望要不斷變好，固然是成長的動力，但資源也會因此快速消耗。

---

[107] 大前研一，《M型社會》，第30頁。

[108] 〈郎咸平：中國低工資高物價的驚人秘密〉，
http://finance.ifeng.com/opinion/fhzl/20110308/3585972.shtml。

# 24 | 復活節島的最後一棵樹

　　2015年諾貝爾經濟學獎得主安格斯·丹頓，在其《財富大逃亡》一書中分析人是自私的議題時，提到了「誰砍倒了復活節島的最後一顆樹」，思考著那位砍到復活節島最後一棵樹的人，當時腦袋到底在想什麼？

　　對在台灣生長的朋友來說，南美洲附近復活節島的故事實在是太遙遠了，如果想要知道復活節島的慘劇，除了Google一下外，在《失控的進步》一書中有詳細的描述，在此僅概略敘述一下。

　　西元1722年，荷蘭人在復活節來到了一座無名島，島上沒有一棵樹，卻有數百座的巨型石雕像，沒有任何木頭或繩索，是如何將這些足足有三十呎高的雕像移動與豎立？

　　這些現象讓剛到復活島的人困惑不已，慢慢地這個疑惑被挖掘出了答案。上帝並沒有遺棄這座島嶼，從許多跡象顯示，這座島嶼本來也是長滿了高大的智利酒椰子，而且還有豐富的海產。

　　這座島嶼經過了五、六百年的發展，隨著生活穩定、環境資源優渥，居住人數不斷成長，來到了1萬人之譜，開始有了階級制度，並且開始和玻里尼西亞群島上的部落一樣，迷上了雕刻石像來榮耀自己的家族。因為雕刻石像與運送需要大量木材，於是開始砍伐木材，隨著需求量愈來愈高，即便他們知道要採取一定的行動保育森林，但需求的成長過快，超過了正常林木生長的速度，呈現了死亡交叉。

　　終於有一天，正常林木逐漸消逝，甚至於從島嶼的最高處往下望，環顧四周，應該可以看到整個島嶼已經光禿禿了，怎麼大家都沒

有任何的警覺心呢？最後，如同諾貝爾經濟學獎得主安格斯‧丹頓所提到：那位砍到復活節島最後一棵樹的人，當時腦袋到底在想什麼？

　　這個世界也是一樣，不斷地在消耗地球資源，排放廢氣造成溫室效應，雖然許多人開始覺醒，呼籲注意氣候急遽變化將影響人類生存。但許多利益既得者不願意放下手中的利益，就好比美國總統川普為了美國自身經濟發展，敵視巴黎氣候協定的存在，這就是人性啊！

本書建議

復活節島絕對不是最後一個悲慘的故事，而是人類數萬年發展歷史中，不斷反覆上演的人性故事。

# 25 | 經濟一定要成長嗎？

　　提姆・傑克森在所著的《誰說經濟一定要成長？》一書中表示，世界各國都追求經濟成長，擔心通貨緊縮，以降息、印鈔票等方式來迎戰不景氣。可是，景氣、不景氣本來不就是循環、正常的現象嗎？但是，這種正常的現象在這些政客的眼中，卻是會讓自己選票流失的元素。

　　於是在2016年間，可以看到日本印鈔票的效果已經不在，而必須要跟隨著歐洲採行負利率政策，當時存1億日圓的利息只夠吃一碗拉麵[109]。

　　不要再寄望政府能把一切問題解決，政府正是問題之所在。

　　隨著經濟的持續穩定而且向上，人口持續增長，參考聯合國的報告[110]，現在世界人口為73億人、2030年世界人口為85億人、2050年則高達97億人、2100年會達到112億人。（參見圖5-1）

　　未來35年，人口逾半數的增加主要集中於開發中國家，特別是非洲。人口增加的原因，除了許多國家生活穩定、新生兒增多外，平均壽命的增加也是主因。地球只有一個，人口成長將會導致資源的加速消耗，爭奪資源的結果也會讓這個世界更不穩定，戰爭增加、區域衝突不斷發生。

---

[109] 〈慘！1億日圓存款年息只夠吃拉麵〉，
http://www.chinatimes.com/realtimenews/20160202002551-260410。
[110] UN projects world population to reach 8.5 billion by 2030, driven by growth in developing countries，http://www.un.org/apps/news/story.asp?NewsID＝51526#.
VnsnfEp951s。

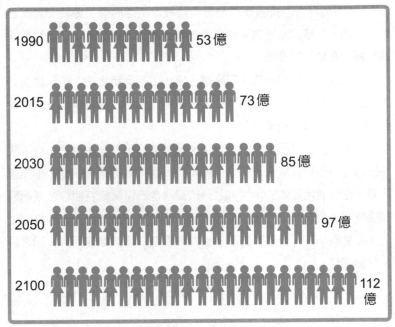

▲圖5-1　世界人口

　　我國的人口結構趨向高齡化，依據國發會的統計，2025年65歲以上的老人將超過20%，符合「超高齡社會」的水平[111]；此一趨勢與日本非常類似，而且高齡化社會的速度更快、更嚴峻。參酌日本的經驗，日本為了避免「通貨緊縮」，採取大量供給貨幣，也就是印鈔、負利率的模式，但因為手上握有鈔票者都是老年人，不管提供多少貨幣，多不會被經濟體所吸收。

---

[111]　中華民國人口推計（103至150年），
https://www.ndc.gov.tw/Content_List.aspx?n＝84223C65B6F94D72。

「通貨緊縮」的負面效應是日本近幾年來的擔憂，即使安倍晉三的三支箭、大量印鈔等猛藥也難見經濟改善的明顯成效，台灣對於通貨緊縮也有類似的擔憂。

問題應該還是出在於人口結構。當人口結構老化時，上一代握有大多數的資產，但年歲已高，通常只求穩定卻不太消費，唯一消費較高的項目大概只有醫藥費用。

如果我們也學日本政府印鈔票，希望能逼出這一些存在銀行不放手的資金，恐怕效果也是有限。何不如反過來擁抱通貨緊縮，畢竟這將是一個少消耗資源的年代，上一代喝水也不會買寶特瓶包裝或鋁箔包裝飲料，會拿保溫瓶裝水，節省很多不必要的資源浪費，也許數字上大家會很辛苦，但經濟的不成長對於只有一個的地球而言，卻是最美好的禮物。

< 本 書 建 議 >

1. 政客只想要擁有選票，才能持續掌握權力，因此經濟不能變不好。
2. 為了讓經濟變好，各國政府實施各種奇怪的扭曲策略，像是印鈔票，看起來經濟情況維持增溫，但卻讓貧富不均更快速惡化。

Note

# 26 國家負債：如同卡奴思考模式的政府

家中的財務狀況通常由父母負責，小孩子不太會管有沒有錢，反正有東西吃、有衣服穿，可以出去玩就好，但是如果父母也擺爛，沒錢不去賺錢，不想辦法省錢，只知道借錢來花，久而久之，財務就會惡化到不可收拾。

國家財政狀況亦可比擬一家的財務，而許多評論者，如同親友鄰居一樣，會很關心我們的狀況，針對財務狀況進行警告[112]。

良藥苦口、忠言逆耳，我國的財政狀況並沒有因為許多警告聲音而導正，反而一直持續惡化，探討現況的成因繁多，但先撇開這些成因，瞭解整體政府的財務惡化結果為第一要務，才能有動機建立共識、找出問題、進行改善。

現在，讓我們先看右頁圖5-2，有關我們的歲入歲出狀況，歲入的項目很多元，稅課收入是主要的一項。

在圖5-2中，整體歲入金額持續成長，歲入中最主要的稅收也是一樣成長。把政府想像是一個人，主要收入（稅收）不斷攀高，使得整體收入（歲入）穩定成長，應該是一個完美幸福的人生，感覺好像是優質的高科技男，好會賺錢，而且愈賺愈多。只是有一件事情要特別注意，選伴侶除了要注意會不會賺錢，還要注意會不會花錢。畢竟會賺錢的不算厲害，會存錢的才是高手。

---

[112] 〈財政惡化有徵兆？〉，
http://www.393citizen.com/financial/Coma/columndt.php?id＝535。

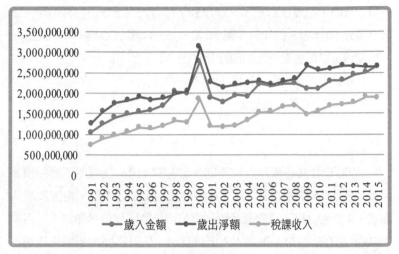

▲圖5-2

　　以這名台灣先生來看，一開始賺100萬，但也很會花錢，找了個需要投資的理由，借了10萬元來花花，當年度總共花了110萬。隔年賺更多，110萬元，但還花費卻更多，來到了120萬，不夠的部分，又多借10萬元來花花。

　　為了未來的發展，借點錢、花點資本支出的投資，本來是無可厚非。但借錢的重點，在於未來能賺更多錢。果真這位賺錢高手愈賺愈多，但每次賺更多的時候就花更多，雖然每次都只比賺的錢多花10萬，可是累積下來，加上利上滾利，「複利率」的威力很快就出現了。這時候真想要大喊一聲：「媽咪！我終於懂複利率的威力了。」

　　賺多花多，賺少還是花多。這位台灣先生根本就是賺錢兼花錢高手，不夠錢就借，每年因為借錢而不斷地累積債務，債務會愈堆疊愈高。有一天，這位台灣先生已經可以年賺200萬，只是負債攤開

一看，天啊！已經600萬了。沒想到，台灣先生還沾沾自喜地說，這600萬分10年還，每年只要還60萬，我一年賺200萬，沒問題的！

請問，這位台灣先生的問題是什麼？

1. 賺錢的速度太慢、錢賺太少？

2. 多花的10萬欠缺效益……

3. 花太兇了，應該量入為出。

4. 其他……

1996年我國各級政府債務約1兆9,374億，在長期不斷負債累積後，2014年則爆增到6兆1,043億元，成長了3倍，相對於歲入而言，大概是3倍。感覺上我國政府好比是剛剛那位台灣先生，具備「卡奴」應有的特徵，長期收入低於支出，只好不斷地舉債來支應不足，久而久之，不必愈借愈多，但一定會愈滾愈多。

讓我們仔細看一下圖5-3，中央與各級政府債務未償餘額，每年都不斷地攀高，2009年金融海嘯之後，債務的累積更加地嚴峻，即使歲出逐漸接近歲入，但債務攀高的趨勢仍未改變，如果不再大刀闊斧地解決，這一位卡奴性格的國家恐怕將萬劫不復。

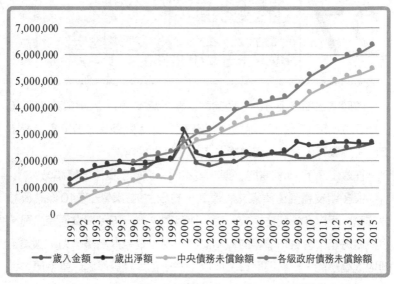

▲圖 5-3

＜(本)(書)(建)(議)＞

1. 政府就像是卡奴，入不敷出，為了選票，亂開選舉支票，這些都是在揮霍人民血汗錢。

2. 隨著「扶老比」數據惡化，國家稅收將會快速降低，就好像是收入預期即將變少，更要量入為出，以免政府財產崩潰。

# 27 還錢都來不及，哪有餘錢投資未來

政府歲出部分細分為「經常門」與「資本門」，依據預算法第10條第3項規定：「歲出，除增置或擴充、改良資產及增加投資為資本支出，應屬資本門外，均為經常支出，應列經常門。」

在歲出底下，「經常門」與「資本門」這兩個概念怎麼區分？

很多朋友看到法律條文就頭痛，看到上述預算法第10條就很想要放棄。所以，先把法條放一邊，讓我們來談一下台積電這家公司。台積電每年都會宣布隔年的資本支出，為了要能提高競爭力，必須不斷地提高產能、技術與品質，所以當然得花大錢買設備、蓋廠房，這些買設備、蓋廠房的錢，稱為「資本支出」。

台積電除了2015年底稍微調資本支出之外，其他各年度的資本支出均非常可觀，幾乎逐年遞增。每年度的資本支出，已經成為台積電未來營收獲利與股價走勢的重要觀察點。(參照圖5-4)

透過台積電案例的解釋，是否對於預算法第10條第3項規定：「歲出，除增置或擴充、改良資產及增加投資為資本支出，應屬資本門外，均為經常支出，應列經常門。」比較容易理解了呢？

政府也是一樣，資本支出也會影響到國家未來的發展，像是早年的「十大建設」，也屬於資本支出，諸如高速公路、鐵路、機場、港口、電廠等基礎建設，也讓隨後而來的快速經濟發展有了扎實的基礎為靠山。

但是隨著少子化、高齡化等人口結構因素，以及債務已經愈滾愈大等因素，我國歲出的資本門與經常門產生了變化，如圖5-5。

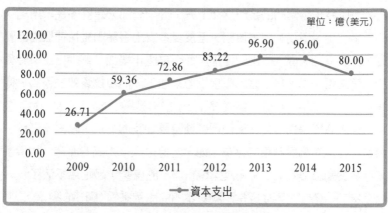

▲圖5-4 台積電資本支出

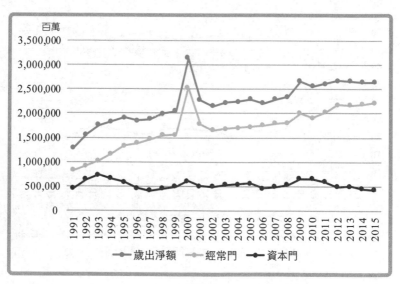

▲圖5-5

可以發現經常門的金額逐年上升，其中有部分是許多民眾所詬病的人事支出、債務利息等項目，至於資本支出金額則維持在低檔的範圍，並沒有因為歲入歲出的增加，而隨之逐年增加。如果從企業經營的角度來看，恐怕是一家人事包袱愈來愈重，而且投資效益不高，像是石子丟入水中，噗通一聲就沒了。

讓人感覺是負債再負債使得營運體質變差的情況，絕對不屬於台積電這種具有高度健康的企業。如果自稱是競爭力高的產業，也頂多是存在於知識與經驗上，但常常傷害自己的身體，恐怕活不久了。

接著，讓我們再從經常門與資本門的比例來看（圖5-6）：

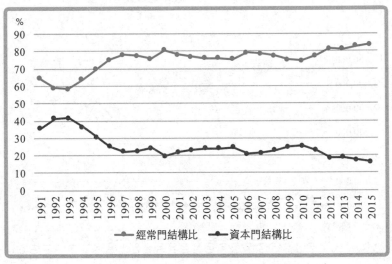

▲圖5-6　歲出：經常門與資本門比例

　　兩者應該呈現一定的比例，資本門的比例若能增加，或者是至少維持一定的比例，對於國家未來發展應有正面效益。但是很糟糕的一點，可以看到資本門的占比已經降為兩成以下，未來可能會因為人事、退休、利息等增加，更壓縮了資本門的支出，國家財政已經是勉強維持運作，忙著給付人事、退休、利息等支出，已經無力出錢進行投資。

〈 本 書 建 議 〉

一個月收入20萬的年輕人，每個月初，都要支付17萬元的債務費用，只剩下3萬元可以花，生活費都不夠，哪有錢可以進修充實自己。我國政府正面臨此一困境，該如何改善財務結構成為最急迫的工作。

# 28 結構因素使得入不敷出更加嚴重

　　有志之士應該思考一個問題，如何讓歲入歲出的差額轉正，才能使債務得以控制，甚至逐年降低、調整體質，長期上才能讓國家財政結構變好。但是，本書則持悲觀的態度，主要的原因在人口結構的變化：少子化、高齡化。

> 歲入：少子化與退休潮使得工作人口減低而變少，
> 　　　直接衝擊到的就是稅收變少。
> 歲出：老年化支出，如退休金、老人設施的增加。

　　因此，除了量入為出的考量外，維持稅收的穩定，並大刀闊斧地改善退休、勞保、健保制度，降低未來高齡化社會暴增的支出，成為重要的課題。但是老人愈多，在選票的壓力下會愈難改革。現在不改，明天無法改，復活節島的最後一顆樹，將會在我們面前倒下。

　　既然談到了人事退休，1998年間，公務員平均退休年齡大約60歲，隨後快速下滑，2003年僅剩下55.86歲，最低在2011年達到55.09歲，接著因為退休制度修正，公務員持觀望態度，使得退休年齡止穩微幅上揚（圖5-7）。

　　相較於一般勞工，公務員目前平均退休年齡還是太低，一直在55歲間打轉，考量國人的平均死亡年齡卻逐年提高，且幾乎九成五

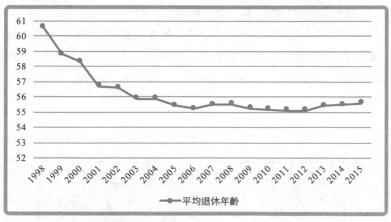

▲圖5-7　公務人員歷年平均退休年齡

均選擇月退制，造成國家退休給付金額更形沉重[113]。

　　大多數的公務員也不是那麼早退休，主要還是因為警察、委任、女性的平均退休年齡較早，以2014年為例，50歲呈現退休高峰計1,761人，主因係警察人員自願退休所致，其中男性為1,470人，占83.5%，女性為291人，占16.5%[114]。（如圖5-8）

　　另外一個比較有趣的現象則是官等愈高的愈晚退休。依據「2015年考試院性別圖像」資料顯示，2015年公務人員平均退休年齡55.6歲，簡任（派）人員男性平均退休年齡61.5歲，女性58.8歲，薦任（派）人員男性平均退休年齡57.3歲，女性55.9歲，此二官等之平均退休年齡為男性高於女性，另委任（派）及以下人員則女性平均

---

[113]　有關於公務人員平均退休年齡資料散見各地，除了新聞報導之外，可參考公務人員退休制度改革的意義與影響，http://www.exam.gov.tw/public/Data/222410265871.pdf、銓敘部公務人員退休撫卹資料、102銓敘部性別圖像、2012考試院性別圖像等資料。

[114]　2015年考試院性別圖像。

退休年齡58.5歲，較男性之55.8歲高出2.7歲。

當然有可能是當到簡任的年齡本來就比較高，但也有可能是生涯規劃，在公務體系中，男性愈低階，職場上的感覺愈沒有前景，還不如早早退休另謀出路。至於女性則追求安穩的家，即使職位較低也可以安穩度過。

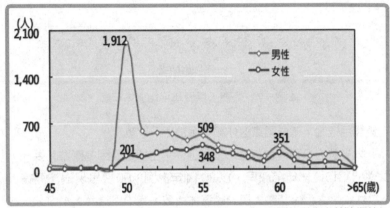

（圖片引自考試院網站）

▲圖5-8　2015年公務人員自願退休人數（按年齡別分）

< 本 書 建 議 >

1. 人類資源只有一個，滿足是一件很重要的事情，別把自己逼上了絕路，台灣已經是很幸福的地方。
2. 國家歲出應該要小於歲出，大量砍支出，才有可能挽救台灣的財政。

# 不動產投資

三個隱憂：購屋人口、繼承、資產稅
兩個希望：外來人口、印鈔票

# 29 | 房地產開始跌價循環

> 需求面減少：人口減少＋繼承增加
> 供　給　面：庫存餘屋＋泡沫反擊
> 制　度　面：稅率增加

## 》房地產一定看漲嗎？

投資理財界對於房地產的屬性向來有不同的見解，有認為房地產是資產，可以賺價差外，還可以租屋賺定期收益；但是，也有人認為貸款借錢買房，房地產又會折舊，無法創造穩定的現金流，長期來看是個負債，像是《富爸爸窮爸爸》一書即採此一主張。

台灣一般民眾向來有個「有土斯有財」的概念，這是從土地有限性的角度，物以稀為貴，屯房、屯地的情況相當普遍。2013年擬開徵「囤屋稅」，當時依據相關資料，發現五棟以上超過13萬多戶，有六棟屋的超過7萬人，七棟屋的超過4萬戶，八棟約3萬多戶，九棟房屋的仍有2萬多戶，十棟以上的人有1萬6千多戶[115]。

近幾年來房屋價格飆漲，筆者周遭的朋友如果還沒有買房子，都會有一種急迫感，想要趕緊買房子，以免房價不斷上揚，以後更買不起了。可是房價動輒1、2千萬起跳，台北市、新北市一坪30萬算是

---

[115] 〈自住限3戶 超過課重稅〉，
http://www.appledaily.com.tw/appledaily/article/property/20140515/35831680/。

便宜的房價，實在很難下得了手，於是問起了前輩到底現在還可不可以買房。

這些前輩們總是說買不起也得買，房價不會跌的，未來只會愈漲愈高。從台灣房價的歷史來看，雖然近幾年來經過1997年亞洲金融風暴、2000年網路泡沫、2003年SARS危機、2008年金融海嘯等，房價都有暴跌的跡象，但沒多久房價又上揚了。換言之，只要跌了敢買的人，無論有沒有出租給他人，最後都可以賺可觀的價差。

因為從1949年遷台後，經濟穩定快速成長，通貨膨脹是常態，人口增長是趨勢，一直到2011年，這些客觀現象並未改變，久而久之，就如同基因一樣，大家都認為房價是不會跌的，但未來恐非如此。

## 》從人口結構出發

2003年，台灣面臨SARS疾病的襲擊，全球死亡779人，台灣死亡人數也高達47人，當時嚴重到連和平醫院的醫師都限制出院以控制疫情。隨著SARS疫情遠走，台灣不動產走入10年的多頭，在這一路房價不斷攀高的過程中，有專家看多也有看空。

從下頁圖6-1中，可以看到台灣地區房價指數在2003年開始快速攀高，雖然在2008～2009年金融海嘯期間略有走緩，但隨著世界各國印鈔票救市，經濟呈現一副榮景，股市房市不斷快速創新高，2014年來到近期高點的294[116]。

---

[116] 信義房價指數 2015 年第四季。

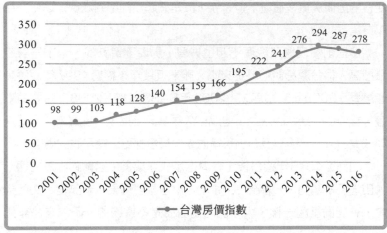

（資料來源：信義房屋資料之整理）

▲圖6-1 台灣房價指數

　　眼看著2015、2016年略有下跌，許多人不禁問：未來房地產走勢是漲還是跌呢？

　　不動產的專家很多，引用數據資料也不少，一般常見喜歡採用住宅開工、貸款餘額、土建融資、建照核發數、使用執照核發數、房價租金比……等數據來評斷不動產市場的表現。

　　但這比較像是落後指標，如同一個人身體健康，不能只看外在的體重、身高、心跳、血壓，還要看其基因遺傳、生活習慣、家庭環境之類的核心因素，才能看到當事人未來的趨勢。否則只是看一些表象數據，很容易會做出錯誤的判斷。

　　房地產的核心因素，個人認為要從「人口結構」的供需為切入點。

## 》下一個50年還會持續上漲嗎？

從光復初期迄今，經濟穩定快速成長，通貨膨脹是常態，人口增加是趨勢。在此趨勢之下，最怕的是經濟的下滑，只要經濟一變差，恐怕就會影響政權的穩定，所以維繫經濟持續成長，每年都有穩定的通貨膨脹，有利於政權的維繫。

再加上整體經濟情勢發展不錯，出口導向等正確經濟政策，使得台灣經濟快速起飛，生活穩定之際，人口也快速增長。1963年推動「兩個孩子恰恰好，一個不嫌少」，但人口還是持續成長，一直到1976～1982年間，出生人口才來到了高峰而逐漸反轉向下。

可是經濟成長不可能永無止境，總是會到了山頂，但為了政權的維繫，各國政府採取「量化寬鬆」救經濟的策略，來防止經濟零成長，導致全球資金氾濫；當資金氾濫時，就會流向各種可投資的標的，若供需情況不變，資產價格就會上升。近幾年來股票資產也是一樣，各國股市都曾經飆漲過一段，像是美股到了20,000點，德股來到12,000點，這些泛濫的資金，除了流向股票以外，主要是往不動產市場流動。

回頭來看歷年不動產價格，幾乎是看回不回，不動產價格一直上升的結果，使得人們認為投資不動產是正確的選擇，有土斯有財的概念深植人心，不動產價格不可能下跌。只是，任何的買賣還是要回歸到供需狀況，當然包括不動產價格。《2014～2019經濟大懸崖》的作者哈利・鄧特二世提到其團隊研究出27～41歲是初次購屋年齡[117]，主要是考量平均結婚年齡，接著生小孩，然後就會想要購買房

---

[117] 哈利・鄧特二世，《2014～2019經濟大懸崖》，第100頁。依據內政部統計處資料顯示，我國生母平均年齡大約31歲，所以購屋年齡將逐漸延後，可將此數據進行調整為31～45。

屋。（台灣目前因為結婚、生子年齡延後，也會影響購屋年齡的區間）

　　如圖6-2，以單齡人口資料初步計算出台灣2001～2041年各年度27～41歲區間的人口總數，發現在2010年來到576萬人的高峰，然後逐年下滑，代表著房地產購買需求人口的降低。台灣有嚴重的少子化問題，這一批少子化世代的小孩子，正逐漸長大中，未來也會成為27～41歲這一個區間的人口。

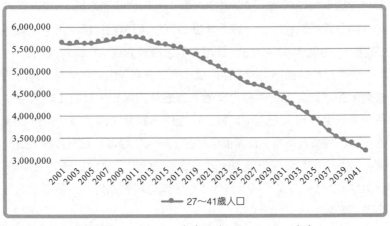

▲圖6-2　27～41歲人口（2001～2041年）

　　企業基本面與股價的關係如同人與狗的關係。人是代表企業基本面，狗則代表股價，狗兒喜歡跑來跑去，如同股價一樣，漲漲跌跌，但狗兒總是會回到狗主人身邊，正如同股價總是會回歸基本面。房價也是一樣，供需還是最基本的論述，無論是因為稅制的改變、貨幣政策、利率調整、經濟情勢等因素，導致房價有所波動，最後還是要回歸供需基本面。

換言之，當需求已經轉趨減少，房價趨勢轉而下滑是早晚的問題。可將圖6-2與前面房價指數（2001～2016）相疊之後如下（圖6-3），在27～41歲區間人數的高峰，也就是在2010年，之後雖然房價仍舊上揚，但就好像是人與狗的關係，在2014年回到頂峰，開始下跌而要回歸人口需求的基本面。

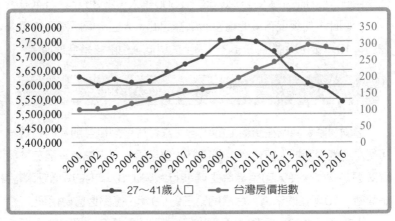

▲圖6-3　房價指數與27～41歲人口

從單齡人口的數據來觀察，1976～1982年間，人口來到了高峰，幾乎都超過40萬人以上；翻過了此一高峰，即開始往30萬人口下滑，一直到1998年正式跌破了30萬，由於1998年度是傳統生肖的虎年，生的小孩子特別少，單齡人口剩下26.7萬人；接著來到了兔年與龍年，稍稍回升了一下，自此一路崩落，一直到了2008年，正式跌破了20萬人[118]。

---

[118] 參考內政部統計月報，http://sowf.moi.gov.tw/stat/month/list.htm。

1976～1982年間人口高峰所出生者，現在大約是34～40歲之間，也正是本文所提到27～41歲初次購屋的年齡，隨著原本在此一區間的人口逐漸老化，換上一批新的年輕人要買房子，只是這一批新的年輕人一年比一年來得少。

如前所述，2010年，27～41歲人口為576萬人的高峰轉折後，依據單齡人口推估，預估2023年跌破500萬人，2035年跌破400萬人[119]。因此，如果沒有其他購屋者來補足此一人口降低所導致的需求缺口，10年後，房價少三分之一甚至於更低，也應該是合理期待。

## 10年後，大學少三分之一；10年後，房價少三分之一

這兩句話是我貼在臉書上的內容，當然也受到很多朋友的質疑，可是當我慢慢地把人口結構相關數據、圖表張貼出來之後，網友才發現問題之嚴峻。從人口結構為主軸進行觀察，10年內的衝擊只能說是開始，10年後的未來，台灣的第三個50年，衝擊還會更慘烈。

不動產，對於大多數人而言，不但可以賺價差，還因為人口增加，出租也有一定的市場，可以收取穩定的租金。舉個許多投資客的操作例子，買下公寓五樓，頂樓馬上加蓋，可以將一筆購屋資金換得最大出租坪數，讓投資報酬率更高。

但是，類似這樣子的操作方法畢竟還是違法，像是柯文哲市長就一直強力打壓違建的行為，民眾的權利意識也不斷提高，再加上隨著資產價格走高，要將不動產視為可定期收益的資產，恐怕租金投資報酬率會過低；如果投資的標的是學生租屋，加上少子化的影響，學區

---

[119] 本圖之數據是由單齡人口直接推估計算，並沒有考慮死亡、歸化等因素所造成之變動。

附近的投資更難見投資的價值。

## 》日本經驗

2006年大前研一寫了一本書《M型化社會》，裡面描述的現象與2016年的台灣非常像，依據筆者常年分析資料、走訪日本的經驗，我們與日本大概差了10年。因此，日本房地產泡沫化多年，台灣也必然走向此一道路。

曾經看到一篇報導，描述日本東京近郊的崎玉縣，已經出現十室九空的現象，有一間1974年建造的房子，大約16坪，居然只賣新台幣約120萬元，離西武新宿線新狹山站約10分鐘的公車車程[120]（類似新北市鶯歌火車站10分鐘公車的路程）。

日本房地產的稅收、管理費用也不低，對於老人而言都是一大壓力，想賣又賣不掉，想拆，連拆除費用都很高，這些現象會逐漸在台灣郊區房地產出現，投資者應該要謹慎為之。

⟨本⟩⟨書⟩⟨建⟩⟨議⟩

1. 整個趨勢已經反轉，但大趨勢反轉有如航空母艦調頭，要花一段時間，等到轉向後就是數十年需求減緩的大趨勢了。
2. 除非是好的地點、價格便宜，否則想要靠收租賺取獲利，卻可能會損失投資的本金。

---

[120] 〈為何日本房子只要300萬，也沒人想買？〉
http://www.storm.mg/lifestyle/138676。

# 30 | 繼承的失衡

## 》產業發展促成大樓平地起

國共內戰，國民黨敗退台灣，那個時候是1949年。一批一批衣褲破爛到不行的軍人，狼狽匆促地逃到台灣，一開始還是惶惶不安，又想要贏回失去的土地；當時共產主義的興起，讓許多國家站在我們後方。慢慢地，隨著煙硝味漸散，台灣大陸有如綠豆比雞蛋，那邦交國也就西瓜偎大邊，一路斷交綿延不絕，到最後只剩下以膚色較為特殊的海島國家為主。

原本以農業為主的台灣，在1959年開始吸引外資、鼓勵出口，高雄楠梓加工區也是在那時候成立，1963年首次貿易出超，開始有了外匯的累積。

1972年，因為石油危機，國際經濟出現重大震盪，時任總統的蔣經國先生推動十大建設，為台灣石化業與重工業打下良好基礎；接著1980年成立的新竹科學園區，更是孕育許多科技業的搖籃，是這數十年來台灣成就的基礎。

這一段發展歷史，說出來可能大家也沒印象，讓我們走在附近的環境中，除了古早的四合院之外，找找看有沒有早期磁磚很小的公寓，還有一些七八層樓或更高的大樓，以及1、200百戶以上的大型社區，當然還有一些透天厝，大多數的建築物，依據其興建時期的先後順序，都在訴說著歷史的脈動。

## 》房子再老還是有感情

這一間一間隨著經濟發展而蓋的各時期建築物，有的已經老舊，有些包著違建，看不出原本的面目，來不及更新的違章建築，招牌、電線堆疊其外，跑到較高建築物往下一瞧，幾乎都是違法加蓋。但無論房子如何得老舊、市容如何得醜陋，即便資產會因折舊沒有價值，但有一點很重要，就是依然可以居住；既然可以住，當下一代繼承上一代的房子，是否還會再興起買房子的念頭呢？

此外，加上從文林苑事件之後，都市更新這件事情更是難上加難，或許有人會說導因於過去民主程序不夠公開，未能保障當事人之權益，所以現在才會面臨民眾這麼大的反彈。無論如何，人性與意識問題才是主因。柯文哲市長上任後，也遇到一個釘子戶，自稱住在龍脈打死不肯配合都更，後來建商半夜偷偷地「合法」拆了，事後也沒聽到有任何人出來說句話，難道文林苑的正義，換成了另外一個族群，正義就可以忽略嗎？

不只是法律只保護懂法律之人，民主也只存在特定意識的族群中。

即便柯文哲市長果斷地解決了這個釘子戶的問題，都更這件事情還是很麻煩，畢竟連大法官會議都做出了解釋。未來都更要求的程序正義將更加嚴謹，整體都更成本提高的結果，加上房地產反轉的趨勢，自辦都更恐怕愈來愈少，要是沒有政府主導的都更，恐怕想都更的人，還是繼續住住老房子，將就將就吧！

仔細觀察一下身邊的親友長輩，應該會聽到很多人會討論繼承土地的問題，甚至於愈來愈多人開始抱怨遺產分配不均，該如何能夠爭取到自己的權利。隨著上一代的長輩逐漸凋零，筆者義務提供法律服

務多年,這一種聲音愈來愈多,這也代表著下一代的人將慢慢地不需要存錢購屋,名下就可以繼承到一定比例的房子。

讓我們繼續想像一個案例(表6-1),1961年代的時候,一般的父母很會生,不少生了五個小孩,當時經濟起飛,很多建商開始蓋一些房子來賣,父母手中有了錢想要過點好日子,買房子當然是很重要的一件事情。好不容易攢了錢買了間房子,隨著時光逐漸流轉,這兩個1961年代出生的小孩,到了2016年,天啊!他們已經55歲上下,而其父親已經82歲[121],參酌現在平均死亡年齡,男性為76歲,應該已經繼承。假設不算配偶的部分,五位小孩可以分得1/5[122]。

上述的例子是以1961年代總生育率5.585人來設計,隨著時代的改變,生育率愈來愈低:

金融海嘯過後,2010年的總生育率居然只剩下0.895,還好隨著經濟景氣,生育率翻揚上來,但幅度並不高。由此趨勢來看,每隔10年,可以繼承分配的房屋將不會再是五分之一,逐漸變成1/4、2/5,接著更是超過1/2,往一這個數字邁進。

| 年度 | 總生育率 |
|------|----------|
| 1961 | 5.585 |
| 1971 | 3.705 |
| 1981 | 2.455 |
| 1991 | 1.720 |
| 2001 | 1.400 |
| 2011 | 1.065 |
| 2014 | 1.165 |
| 2015 | 1.18 |

▲表6-1

---

[121] 依據內政部「結婚人數按年齡(按發生)」,1975年,新郎平均年齡27.1歲,新娘平均年齡22.7歲,1961年應該更早,但因為沒有資料,所以假設分別為25歲與21歲,結婚後大約27與23歲生子,參照http://www.ris.gov.tw/zh_TW/346。

[122] 參考中華民國統計資訊網之「育齡婦女生育率、一般生育率、總生育率、有偶婦女生育率」中的「總生育率」,1961年的總生育率是5.585人,參照http://www.stat.gov.tw/ct.asp?xItem=15409&CtNode=3622&mp=4。

皮凱提的《二十一世紀資本論》中提到「財產繼承流量」的概念，這個名詞要理解會有一點辛苦，簡單來說這是一個三個因素相乘的公式，也是有關財富繼承造成貧富不均問題的影響。皮凱提主張：「唯有世代規模穩定可觀的增長，才能不斷降低死亡率與財產繼承流量。」[123] 簡單來說，整個國家的資產就是那麼多，人多一點，平均下來每個人看起來就少拿一點。但是，我國正面臨新生世代規模的縮減問題，恐怕財產繼承流量無法據此縮小。（如圖6-4）[124]

| 年齡組 | 6 ～ 21歲學齡人口（萬人） | | | | |
|---|---|---|---|---|---|
| | 1981 年底 | 2014 年底 | 2061年底 | | |
| | | | 高推計 | 中推計 | 低推計 |
| 6 ～ 11歲（國小） | 220 | 127 | 84 | 64 | 45 |
| 12 ～ 17歲（國／高中） | 233 | 168 | 87 | 69 | 51 |
| 18 ～ 21歲（大學） | 161 | 129 | 62 | 49 | 37 |

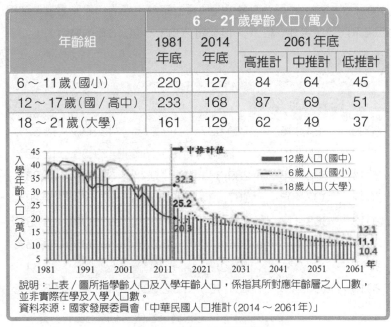

說明：上表／圖所指學齡人口及入學年齡人口，係指其所對應年齡層之人口數，並非實際在學及入學人口數。
資料來源：國家發展委員會「中華民國人口推計（2014 ～ 2061年）」

▲圖6-4　學齡人口變動趨勢

---

[123] 皮凱提，《二十一世紀資本論》，第382頁。
[124] 本圖引自國家發展委員會「學齡人口變動趨勢」，https://www.ndc.gov.tw/Content_List.aspx?n＝61196D98E29A12DF。

皮凱提認為：「財產繼承權有可能在二十一世紀再次扮演重要角色，足堪比擬它在過去的地位。」[125] 從內政部不動產資訊平台可以查詢到「住宅移轉筆數依登記原因區分」的資料，還有依據件數、面積的統計資料，但因為結果都差不多，所以本文僅以移轉筆數來進行分析。

此一資料包含第一次登記、買賣、贈與、拍賣、繼承、其他，這六個項目的總合，稱之為移轉總筆數。由於拍賣與其他的數量較少，剔除不予討論，將第一次登記與買賣設定為市場的一般交易量，贈與及繼承則列為另外一組 [126]，接著將2009～2016年的數字列出如下（表6-2）：

| 年度 | 移轉總筆數 | 第一次登記+買賣 | 比例 | 贈與+繼承 | 比例 |
|---|---|---|---|---|---|
| 2009 | 384,945 | 320,537 | 83.27% | 43,585 | 11.32% |
| 2010 | 375,516 | 312,293 | 83.16% | 47,030 | 12.52% |
| 2011 | 352,448 | 289,341 | 82.09% | 52,276 | 14.83% |
| 2012 | 332,408 | 267,581 | 80.50% | 57,449 | 17.28% |
| 2013 | 363,917 | 296,683 | 81.52% | 60,698 | 16.68% |
| 2014 | 303,176 | 238,940 | 78.81% | 59,665 | 19.68% |
| 2015 | 258,931 | 195,822 | 75.63% | 59.146 | 22.84% |
| 2016 | 180,105 | 131,123 | 72.80% | 46,045 | 25.57% |

▲表6-2　2009～2016年度「住宅移轉筆數依登記原因區分」數量表

（2016年資料只到第三季）

---

[125] 皮凱提，《二十一世紀資本論》，第373頁。
[126] 如同皮凱提書中所述「透過贈與移轉資本，幾乎跟透過繼承移轉資本一樣重要。」參考皮凱提，《二十一世紀資本論》，第387頁。

其中2016年只到第三季，數據尚不完整，但還是可以透過比例得悉趨勢，並繪製如下圖6-5：

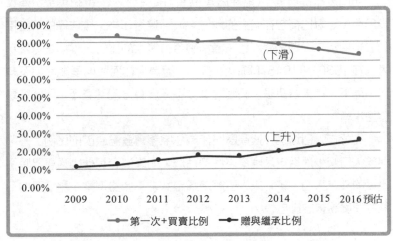

▲圖6-5　第一次登記與買賣數量與贈與繼承比例

單從「比例」來看，贈與及繼承的比例快速攀高，但「數字」增加幅度則相對較為緩和，主要原因是移轉總筆數下降幅度驚人，所以才造成贈與及繼承的比例被凸顯出來；未來因為少子化的關係，使得繼承流量逐漸集中到少數人少中。

房地產是一種特殊的財產標的，即使老舊還是可以住人，未來將因為贈與及繼承上一代房地產，降低購買房地產的需求量，當然也有很多繼承者會將繼承而來的房地產出脫變現，造成供給增加；在需求減少、供給增加的環境，理應會造成價格的下跌。

## 》結論

如同皮凱提所言：「財產繼承權有可能在二十一世紀再次扮演重要角色，足堪比擬它在過去的地位。」[127]這幾年來，學法律的筆者接到很多朋友來詢問法律問題，繼承爭議占很大的比例，推估是這幾年大約在 1936 ～ 1945 年間出生的人，因為死亡而將財產繼承給下一代，而下一代人數眾多，又因為女性不滿沒有分配到遺產，因此容易發生爭執。

從死亡人口增加、遺產贈與作為住宅移轉登記原因的比例上升，對於人口減少而且排斥陸資來台的台灣，如果沒有其他因素可以吸引優質的外來人口，讓外來人口解決購屋需求不振的現象，房地產的下跌的速度將會愈來愈快。

< 本書建議 >

繼承的因素向來為人所忽略，下一代繼承了房子會降低對於購屋需求，即便還是想要買房子，也可能增加售老屋的意願，造成房屋供給增加，對於房價仍為不利。

---

[127] 皮凱提，《二十一世紀資本論》，第 373 頁。

# 31 | 資本稅：政府磨刀霍霍的對象

《二十一世紀資本論》的作者皮凱提認為資本稅符合邏輯，在所得停滯不前，但是大筆私有財產增加，政府不好好放過這麼誘人的財源，一定是眼睛瞎了[128]。

看到這一段文字，想起近年來民眾薪資不再成長，但是物價不斷上揚，房屋更是攀高到難以購買的高點，還真是十分符合皮凱提這一段文字的描述。

近年來，我國政府針對股票等收入已經課徵了健保補充費、長照補充費，可扣抵稅率也減半；皮剝得差不多，再剝皮的話人民可就要反彈。可是在國家財政依舊吃緊的情況下，既然房地產價格不錯，政府眼睛也沒有瞎，房地產也成為目前重要剝皮的對象。

自2014年起，台北市、新北市、高雄市、桃園市等各地方政府陸續調整房屋稅的「房屋標準單價」，2016年起台南市也要調整，而且還將回溯2001年7月以後取得使用執照的房屋，引發民眾的不滿與抗爭[129]。

## 》房屋稅計算公式

要瞭解房屋稅如何慢慢地從民眾口袋撈錢，先要理解房屋稅的公式：

---

[128] 皮凱提，《二十一世紀資本論》，第521頁。
[129] 〈台南房屋稅連3漲上百人前往審計處抗議〉，
http://house.udn.com/house/story/5927/1810555。

房屋核定單價 × 面積
× （1 － 折舊率 × 折舊經歷年數）
× 街路等級調整率

房屋稅 ＝ 房屋現值 × 稅率

房屋稅的核課，就是房屋現值 × 稅率。其中，房屋現值的計算有一個很重要的數字，就是「房屋核定單價」。

所謂「房屋核定單價」，簡言之就是蓋一平方公尺的房子要花多少錢？通常愈高樓層愈貴，愈低樓層較便宜；鋼骨比較貴，而鋼筋混凝土則會比較便宜；換言之，「核定單價」的關鍵就是「房屋構造標準單價」。

以下舉新北市的「房屋構造標準單價」表格為例，讓各位瞭解一下這一個數字的概念：

### 新北市30層以下房屋構造標準單價表

(103年7月1日起適用)
單位：元/平方公尺

| 構造 | 鋼骨造（P）鋼骨混凝土造（A）鋼骨鋼筋混凝土造（S） | | | | 鋼筋混凝土造（B）預鑄混凝土造（T） | | | | 加強磚造（C） | | | | 鋼鐵造 | | 木石磚造（DEHF） | 土木造（KLR） |
|---|---|---|---|---|---|---|---|---|---|---|---|---|---|---|---|---|
| | | | | | | | | | | | | | 200㎡以上（U） | 未達200㎡（J） | | |
| 用建樓層數 單價 | 第一類 | 第二類 | 第三類 | 第四類 | 第一類 | 第二類 | 第三類 | 第四類 | 第一類 | 第二類 | 第三類 | 第四類 | 各種用途 | 各種用途 | 各種用途 | 各種用途 |
| 30 | 19,080 | 18,480 | 17,100 | 15,780 | 17,520 | 16,920 | 16,400 | 15,280 | | | | | | | | |
| 29 | 18,680 | 18,080 | 16,700 | 15,380 | 17,120 | 16,520 | 16,000 | 14,880 | | | | | | | | |
| 28 | 18,280 | 17,680 | 16,300 | 14,980 | 16,720 | 16,120 | 15,600 | 14,480 | | | | | | | | |
| 27 | 17,880 | 17,280 | 15,900 | 14,580 | 16,320 | 15,720 | 15,200 | 14,080 | | | | | | | | |
| 26 | 17,480 | 16,880 | 15,500 | 14,180 | 15,920 | 15,320 | 14,800 | 13,680 | | | | | | | | |
| 25 | 17,000 | 16,480 | 15,100 | 13,780 | 15,520 | 14,920 | 14,400 | 13,280 | | | | | | | | |
| 24 | 16,680 | 16,080 | 14,700 | 13,380 | 15,120 | 14,520 | 14,000 | 12,880 | | | | | | | | |
| 23 | 16,280 | 15,680 | 14,300 | 12,980 | 14,720 | 14,120 | 13,600 | 12,480 | | | | | | | | |
| 22 | 15,880 | 15,280 | 13,900 | 12,580 | 14,320 | 13,720 | 13,200 | 12,080 | | | | | | | | |
| 21 | 15,480 | 14,880 | 13,500 | 12,180 | 13,920 | 13,320 | 12,800 | 11,680 | | | | | | | | |

▲ 表6-3

目前各縣市調漲的部分即為「房屋構造標準單價」。

依據媒體報導，今年房屋稅收將比去年成長39億元，年增5.76%，其中六都的房屋稅收包辦近八成，金額以台北市逾151億元居冠，件數部分則由新北市165萬件最高。與整體稅收2.5兆元相比，39億元雖然不多，但這只是開始，未來還有許多調漲空間。

## 》未來增稅空間仍大

遺產稅課徵太高，會導致更多避稅行為。

2009年遺贈稅降至10%，由2009年計算至2015年，課得1,965億的稅，與2002～2008年間，遺贈稅高達50%的7年，也不過才課徵1,993億，兩者稅率相差40%，政府稅收卻只差29億，關鍵在於避稅效應。（參見表6-4及圖6-6）

| 年度 | 遺產及贈與稅 | 遺產稅 | 贈與稅 |
|---|---|---|---|
| 2002 | 23,537,164 | 19,417,250 | 4,119,914 |
| 2003 | 30,106,227 | 24,671,271 | 5,434,956 |
| 2004 | 29,047,708 | 23,162,455 | 5,885,253 |
| 2005 | 30,450,904 | 24,109673 | 6,341,231 |
| 2006 | 28,693,738 | 23,516,468 | 5,177,270 |
| 2007 | 28,481,129 | 21,779,848 | 6,701,281 |
| 2008 | 28,977,696 | 23,871,158 | 5,106,538 |
| 2009 | 22,327,164 | 17,224,637 | 5,102,527 |
| 2010 | 40,329,876 | 31,264,086 | 9,065,790 |
| 2011 | 23,658,842 | 15,847,227 | 7,811,615 |
| 2012 | 28,280,408 | 19,276,361 | 9,004,047 |
| 2013 | 23,727,917 | 14,076,799 | 9,651,118 |
| 2014 | 25,444,324 | 13,450,601 | 11,993,723 |
| 2015 | 32,735,575 | 18,354,890 | 14,380,685 |

▲表6-4　　　（單位：千元）

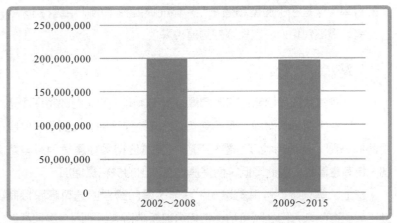

▲圖6-6　遺產及贈與稅　　　　（單位：千元）

　　房地產跑不掉，所以像是本文討論的房屋稅，即便提高稅率，也不太會有避稅效應。既然這個稅跑不掉，當然會成為慢慢剝皮的對象。只是未來政府會如何從房屋稅中剝皮呢？從房屋稅的公式中可以發現有三個切入點：

1. 持續調高「房屋核定單價」，讓房屋構造標準單價逐漸與市場價格接近，目前看起來還有很長足的成長空間。

2. 房屋街路等級調整率：高檔的路段稅率比較高，例如信義路六段高於附近的福德街[130]。實務上曾發生福德街的居民，為了提高房價想讓路名改成信義路，但信義路的房屋街路等級調整率較高，會增加一些房屋稅，但對於這些希望房價大幅上漲的居民來說，多付一些費用，可以讓房價暴增，還是划得來[131]。

---

[130] 可上網搜尋「臺北市稅捐稽徵處房屋街路等級調整率作業要點」。

[131] 「《換成「信義路」門牌》福德街8里 連署改名」，http://news.ltn.com.tw/news/local/paper/688901。

3. 稅率：像是名下房屋超過一定戶數而提高稅率的「囤房稅」，或者是提高包租公、包租婆的房屋稅率。

## 》結論

本文認為我國人口老化加上國際經濟不景氣，政府財政將逐漸惡化，只能找出更多的財源，而不動產必然成為抽稅的剝皮對象，房屋稅即為一例。各種房地產稅額的增加，當然使得房地產持有成本增加，持有意願也會因此降低，使得房地產釋出的供給量增加。

綜上，需求降低，供給增加，除非透過印鈔票的通貨膨脹機制外，或引進外來人口，將可稍稍拉抬房地產價格；否則因為房地產供需失衡的情況將更形嚴重，房地產價格崩跌也是可預期的結果。

不管民眾如何抗爭，在國家財政吃緊的狀況下，資產稅只會朝增加的趨勢前進。

# 32 | 少奮鬥20年

　　有關於前面不動產繼承的討論，除了不動產的供需問題外，給了我們什麼啟發呢？

　　皮凱提在《二十一世紀資本論》一書中，提到一段很難懂的話：「只要資本報酬率以相當的幅度長時間超出經濟成長率，財產繼承（過去累積的財富）的重要性將無可避免地遠遠超過儲蓄（當下累積的財富）。」

　　上面這一段話還真難理解，不過仔細一想，這不就是我常常跟學生分享的一個概念：資本小要存股賺股息，會沒啥感覺，請一邊練習投資理財的技術，一邊累積資本。舉個例子說明一下，甲乙二人都是存股愛好者，也都是剛畢業出社會，每個月薪資3萬元；甲有資本1,000萬，乙有100萬，兩人報酬率相當，都是6%，甲每年可領取股息60萬元，相當於平均每個月可以領5萬元，乙只有6萬元，每個月可以領5千元。

　　假設甲的資本主要來源是繼承所得，則甲根本不必辛苦工作，資本的年報酬還比勞動薪資高，而且如果能夠守富，資本可以快速累積，年報酬更可以持續地攀高，靠著前人累積的財富成長比勞務所得的財富更迅速。正如同巴爾扎克《高老頭》小說中沃德林開導拉斯蒂涅所說的話：「讀書、工作不可能替人帶來舒適優雅的生活，最實際的做法就是迎娶富家女維克多琳，獲得她所繼承的財產。」

　　以法國而言，1945年開始的戰後嬰兒潮，現在也大約是到了平均死亡年齡的階段，財產繼承與贈與之價值，與國民所得之比例正處

於低點，已經在某種程度見識到財產繼承的重要性再次提升，其所生子女大約是1970～1980年之間，現在剛好是逐漸開始繼承父母財產的年代，再過幾年，財產繼承引發社會的負面感覺將衝擊人們的感受，努力獲得回報的理念將受到衝擊[132]。

當一個社會因為資本分配不均，導致努力也獲得不到看似公平的報酬，這個社會就必須要改革。當我們努力賺錢買股票，有錢人靠著股票領股息，一年比我們拼一輩子都還更有錢；如同郭台銘先生於2015年10月領取到的股利，一次就高達71億元；而另一位上班族年薪200萬，工作35年只能獲得7,000萬，兩者相差何其多啊！法國政府有關遺產與贈與的統計資料較為完備，相較於台灣就找得很辛苦，目前只能推定與法國的資料接近。

未來的10年，有必要改革財富重分配的機制。只是談改革這件事情可不容易，螳螂獨臂焉能擋車？若是短期內看不到改革的機會，就只能讓自己學著以富人資本滾財富的模式運作，也許自己這一代雪球滾得還不太大，慢慢地滾到下一代，雪球應該會大一點了。

前面討論的內容，與大家常常討論的一些數據不太一樣，過去我們常去討論住宅開工、貸款餘額、土建融資、建照核發數、使用執照核發數、房價租金比……等，來評斷不動產市場的表現。但是要知道一件事情，這些指標數字只是表象，如果只看到表象的數據分析，就只能知道過去的變化狀況，卻無法知道未來的發展。

換言之，影響台灣不動產的人口結構、法律及稅務制度正在改變，只要抓緊此一趨勢的變化，就會知道不動產價格將會下跌。不過也不要覺得不動產價格下跌是一件壞事，至少對於還沒有買房子的朋友而言，未來將會看到低房價、低利率的大好時代即將來臨[133]。

---

[132] 皮凱提，《二十一世紀資本論》，第375-376頁。

[133] 哈利‧鄧特二世，《2014～2019經濟大懸崖》，第27頁。

〈 本 書 建 議 〉

1. 不動產投資可以多看多比較,除非有極好的地段、極漂亮的價格,現在以觀察為主,不宜出手。
2. 學生出租住宅的投資,如果是在招生率較差的學校,應考慮未來少子化是否會造成學校倒校,而影響學生承租的結果。
3. 名下若有多間住宅,可以將一部分房地產先出售。
4. 對尚未購屋者來說,未來10年將會看到低房價、低利率的大好時代來臨。

# 33 | 別跌落人生的斷崖

## 》你想成功嗎？

首先，問一個簡單問題，你是否曾經想過要出人頭地，例如成為企業、政府機關裡的重要幹部，像是CEO這樣子的角色？

我猜想大多數的朋友答案都是Yes，包括我在內。

接下來我要請大家去思考一個小問題，職場的最高職位是否是你最主要的目標？例如你在A民間企業任職，擔任A企業的CEO就是你奮鬥的終極目標嗎？如果你在公家單位任職，則是單位的最高主管，例如部長、署長嗎？

我承認自己曾經以這類型的目標當作人生奮鬥的方向。之前第一份工作是當國小老師，剛分發到國小任教時，希望能當上校長、主任或督學；換了第二份工作之後，卻產生了一些質疑，因為考上現在這個單位之後，薪水、職等幾乎等同於第一份工作的終極目標。

當時的我，一直反覆思考一個問題：看得到的目標，真的是自己的目標嗎？

拙著《理財幼幼班：慢賺的修練》一書中曾提到小白兔的故事，老白兔總是教小白兔要看頭上的紅蘿蔔，只要努力往上跳，就有機會吃得到；小白兔聽了老白兔的建議，於是拼命練腿力往上跳，深信只要努力，一定有機會吃到掛在上方的紅蘿蔔。可是旁觀者清，我們看到的是一隻小白兔只看到頭上的紅蘿蔔，全神貫注地努力往上跳，卻忘記周遭世界是那麼美好，只要轉個彎，可以發現更多的機會。

## 》退休高官的眼神

在這一篇短短的文章中,我必須要提出一個比較特殊但誠懇的建議,如果您不是企業經營者,而是吃人頭路的小資男女,請放棄在企業、政府機關內部出人頭地的想法,或者是不要將其視為唯一的目標;因為那個虛無的職位,就如同紅蘿蔔一樣,看得到卻非常不容易吃到。如果願意轉個彎,看看更寬廣的世界,相信更能夠獲得人生發展上的自由。

來分享一段致贈年節禮品的經驗……

還記得剛考上現任職位,分發下單位時,就碰上要發送退休人員禮金與禮品,當時的轄區是信義區,負責大約十幾位退休高官,本來很期待能藉此拜會當年叱吒風雲的傳奇人物──即便已經退休,還是跟電影上演的一樣,不但享受退休後多采多姿的生活,眼神依然如老鷹般犀利。

一戶一戶拜會之後,發現現實生活與電影劇情差異甚大。每一戶的房間都是陰暗且了無生氣,當然可能是因為節能減碳而養成不開燈的好習慣。只見一位一位退休高官,看著我的……「禮金」,臉上充滿了喜悅,如果不小心晚送了,還會打電話來催,不是催我怎麼還沒去看這些老長官,而是催我趕緊送錢過去。

年輕的我很好奇,也不過就是那幾千元加個小禮物,怎麼會讓這些老前輩這麼期待?帶著些許的好奇心,仔細打量著這些退休前輩的生活,實際上都有些平淡,與大腦想像中的豪宅、溫水游泳池,退休後躺在池畔邊喝著威士忌,真的是天差地遠,甚至於蠻高比例的退休生活算是清貧。

當然,並不是說有錢才是好的。只是這些退休長者,有些才剛退

休，但已經從眼神中看不出如老鷹般銳利的眼神，反而是一種無盡的空洞。在我的記憶中許多身任高官、威風八面的氣魄卻已經消失殆盡。

眼前的，就只是一位老人。

## 》奮鬥多年的目標，卻是一個「斷崖」

試想看看，當你拼到60歲，終於爬到了最高位，但也不過做了5年，屆齡退休就下台一鞠躬。卸下了職位的光環，就像是人生爬到了頂峰，下一步迎接你的卻是斷崖，不再有權力，不再有人圍繞身旁，人生又是重新的開始。記住一件事，只要你是吃人頭路，就會有下台的一天，但如果這是你自己的事業，如同王永慶一般，永遠是企業體的指揮家。

90%以上的人參不透這一場人生的追逐，最後面臨的卻是「斷崖」。

90%以上的人在某個單位任職一段時間後，出人頭地的想法會開始發酵。想要成為頂尖，想位居要職，所以總經理那個位子就是你追求的目標。但是這種目標發生的可能性卻非常低，除了競爭者眾之外，必須使出大絕招才有可能踢開無數的競爭者，坐上夢寐以求的位子。

此外，還有一個大門檻，就是只有在企業願意拔擢家族以外的人才擔任專業經理人，你才有可能坐上大位。台灣很多企業都是家族企業，寧願像是劉備傳給劉禪，也不願意給諸葛亮一個機會。所以，這些位子早就被卡死，只會留下讓你做到死的血汗椅子，好聽名號的職位很難歸你所有。

近年來比較著名的案例，就是統一前總經理徐重仁於2012年6

月21日突然無預警被拔掉統一超商總經理職務，最後斬斷與統一集團情絲的故事。時任台大副校長湯明哲先生為徐重仁先生「流通教父徐重仁青春筆記」一書所寫的序文，其中有一句話點出問題的關鍵：「再大的戰功，也敵不過家族企業的一句話。」真的是只要不姓那個姓，就沒有希望，只是一顆棋子，還是趁機早點走。

如果職場上追逐的夢只是頭上的紅蘿蔔，那周遭的世界就不是你的。

專注本業是基本的人生態度，但除了本業之外，如果想要在退休之後延續自己的價值，請不要把本業的成就看得太重。人生還有許多值得追求的目標，找回自己的興趣與熱情，別忘了最重要的家人，年輕的你，可千萬要好好地規劃一下自己的人生，別只在死胡同中鑽營啊！

〈 本 書 建 議 〉

如果你是吃人頭路，無論位階多高，總是有下台退休的一天；但如果是自己的企業，你永遠是老闆。

# 34 | 退休金可以撐到生命的最後一天嗎？

## 》一堆半夜不睡覺的朋友

2015年12月17日凌晨，好多朋友半夜不睡覺，好像是當年等著看王建民在美國職棒場上投球一樣，等著美國聯準會開會結果是否要升息？這一個全世界矚目的消息，原諒我體力不濟，早就入眠睡著，一早醒來，才發現這些朋友們凌晨3點透過Line群組，傳來美國經濟宣布升息一碼的消息，代表著美國告訴全世界，他們相信美國經濟緩步回溫，有信心逐步調高利率。

幾小時之後，換我國太陽升起，中央銀行在同日召開理監事會議，也在討論利率的走向，結論居然是降息半碼，這一個決定跌破了許多人的眼鏡，但這也只是反映著台灣經濟成長失去動力的嚴峻挑戰，未來更可能持續降息，尤其是歐洲、日本許多國家都已經實施「負利率」。

> 一個升息、一個降息，兩種不同的感覺。

## 》不敢出門的退休一族

陳媽媽，55歲退休，領了退休金，加上自己平常存的錢，大約有500萬元，本來想過日子應該不是什麼問題。沒想到，退休才5年，居然因為身體上的疾病，花了退休金將近一半的錢。好不容易身體養好了，但才60歲，比起女性平均可以活到83歲，還有23年，剩

下250萬元,怎麼夠活呢?

所以每次有要花錢的聚會,陳媽媽都不敢參加,朋友們知道她的情況,也慢慢地不提出邀約,以免傷其自尊心。平時也不太敢花錢吃好一點,如果聽到哪邊有免費享用美食的活動,只要不是太遠,都儘量出席。想著勞苦一輩子,剩下250萬元,存款利息又那麼低,每過1年存款就少一點,心也就愈來愈慌亂了。降息的這幾年,讓許多靠著定存利息的老人們,生活都加上了一層薄霜。

> 國人的平均壽命,
> 男性達**77.01**歲、女性**83.62**歲。
> 每**10**年加**2**歲

## 》難以靠利息過活的退休日子

每次到郵局寄信,抬頭看著牆壁上這幾年來不太變動的利率表,回想起2000年時,1年的定存利率還有5%,1990年更是高達9.5%,但2015年牆上的數字竟然僅剩下1.225%。聽到很多朋友要把錢定存到銀行,行員還千方百計地勸阻,因為資金實在太氾濫了。

讓我們來看一個例子,王媽媽是一位1946年戰爭時代出生的前輩,之後好不容易脫離了戰亂,在台灣一磚一瓦重建,胼手胝足地奮鬥了一輩子,好不容易存下了400萬元。

不會理財只會儲蓄的王媽媽,在55歲的時候(2001年),手中已經有了300多萬元,雖然增長的速度很慢,但當時的利率還有5%,想著如果65歲(2011年)退休後,積下的400萬元,每年也有個20萬元的利息收入,換算成每個月也有大約16,700元,省吃儉用不生病,加上小孩每個月會孝敬個3、5千,日子應該還過得去,這個數

字符合台灣地區平均每月消費支出。

**2014年台灣地區平均每月消費支出19,978元。**

好景不長，因為網路泡沫、SARS肆虐台灣，2002年開始的10年間，平均定存利率大約1.6%，退休的那一年（2011年），王媽媽確實存到了400萬，但每年僅剩下6.4萬元的利息收入，換算成每個月僅有5,300元。

2015年的今天利率不到1.3%，天啊！每個月只剩下4,300元的利息。利息無法支應平日的生活，只好吃老本，本金當然慢慢地變少。本金變少，利息當然也就更少了，今（2017）年已經不到330萬元，每年減少的速度愈來愈快。

王媽媽心中擔憂著這些本金可以順利撐到83歲嗎？

## 》如果你還有10年才退休

看著這篇文章時，你是否開始思索著戶頭裡的那丁點錢，心中開始有了一點煩悶。遠見雜誌曾引述「2013台灣退休趨勢大調查」，指出如果以61歲退休、平均餘命80歲計算，每月基本生活費2萬5千元，至少必須準備600萬元。調查還指出：雖然國人對準備退休金愈來愈重視，但行動力不足，超過四成受訪者還沒開始準備。

**不怕早死，只怕錢花光了還沒死。**

如果你煩悶了，先要恭喜你，代表很重視這個問題；但接下來更重要的是，要有行動力，讓我們假設現在51歲的你，預計10年後61歲退休，真的存到了600萬，不會投資，只會定存，子女無法給你任何孝親費，國家因為經濟狀況變差無法給予任何補助，屆時就是靠利

息過日子，利率1.5%，年支出30萬（每月2.5萬元）。以下將這樣子的情況，利用EXCEL來進行模擬。

| 年齡 | 存款 | 利率 | 利息 | 年支出 | 透支 | 餘額 |
|---|---|---|---|---|---|---|
| 61 | 6,000,000 | 1.50% | 90,000 | 300,000 | (210,000) | 5,790,000 |
| 62 | 5,790,000 | 1.50% | 86,850 | 300,000 | (213,150) | 5,576,850 |
| 63 | 5,576,850 | 1.50% | 83,653 | 300,000 | (216,347) | 5,360,503 |
| 64 | 5,360,503 | 1.50% | 80,408 | 300,000 | (219,592) | 5,140,910 |
| 65 | 5,140,910 | 1.50% | 77,114 | 300,000 | (222,886) | 4,918,024 |
| 66 | 4,918,024 | 1.50% | 73,770 | 300,000 | (226,230) | 4,691,794 |
| 67 | 4,691,794 | 1.50% | 70,377 | 300,000 | (229,623) | 4,462,171 |
| 68 | 4,462,171 | 1.50% | 66,933 | 300,000 | (233,067) | 4,229,104 |
| 69 | 4,229,104 | 1.50% | 63,437 | 300,000 | (236,563) | 3,992,540 |
| 70 | 3,992,540 | 1.50% | 59,888 | 300,000 | (240,112) | 3,752,428 |
| 71 | 3,752,428 | 1.50% | 56,286 | 300,000 | (243,714) | 3,508,715 |
| 72 | 3,508,715 | 1.50% | 52,631 | 300,000 | (247,369) | 3,261,346 |
| 73 | 3,261,346 | 1.50% | 48,920 | 300,000 | (251,080) | 3,010,266 |
| 74 | 3,010,266 | 1.50% | 45,154 | 300,000 | (254,846) | 2,755,420 |
| 75 | 2,755,420 | 1.50% | 41,331 | 300,000 | (258,669) | 2,496,751 |
| 76 | 2,496,751 | 1.50% | 37,451 | 300,000 | (262,549) | 2,234,202 |
| 77 | 2,234,202 | 1.50% | 33,513 | 300,000 | (266,487) | 1,967,715 |
| 78 | 1,967,715 | 1.50% | 29,516 | 300,000 | (270,484) | 1,697,231 |
| 79 | 1,697,231 | 1.50% | 25,458 | 300,000 | (274,542) | 1,422,690 |
| 80 | 1,422,690 | 1.50% | 21,340 | 300,000 | (278,660) | 1,144,030 |
| 81 | 1,144,030 | 1.50% | 17,160 | 300,000 | (282,840) | 861,190 |
| 82 | 861,190 | 1.50% | 12,918 | 300,000 | (287,082) | 574,108 |
| 83 | 574,108 | 1.50% | 8,612 | 300,000 | (291,388) | 282,720 |

▲表7-1

由上表可以發現一件事情，當你利息收入不足以給付支出金額的時候，只要一侵蝕到本金，隔年的利息收入也會減少，收入不足以給付支出金額情況更形嚴重，逐漸成為惡性循環，最後到了83歲的時候，差不多剛好花完。

因此，只靠定存的利息收入恐怕無法成為退休生活的依靠。

建議可以改成一些一樣很安全，年報酬率在5%以內的優質股票或債券投資，利息剛好可以支應開銷，到83歲時本金依舊是600萬。即便報酬率低一點，例如3.5%，則至少可以撐到94歲才接近用罄。

雖然退休後生活的變數可能沒有那麼簡單，但本文是希望透過簡單的分析，讓各位及早知道退休金的目標該如何設定，像是本金太少，就只好趕緊學習如何提高本金報酬率的投資技巧，或者是想辦法讓自己接受低物慾低支出的生活，才能面對退休後的挑戰。

（另附EXCEL檔案：富足生活模擬規劃.xlsx，請使用Line與作者索取，Line ID：m36030）

< 本 書 建 議 >

1. 如果你是職場的打工仔，職場上的官位對你來說沒有太大的意義，別把職場頭銜當成你的人生目標。

2. 算一下未來退休日子的收入與支出，找出問題點，如果有資金缺口就要趕緊把漏洞補起來。

Chapter

# 8 投資心理素質

# 35 | 展望理論

## 》虧損讓你成為風險家

2002年諾貝爾經濟學獎得主康納曼（Daniel Kahneman）教授，在其「展望理論」中提出一個很有趣的論點，人們在賺錢的時候會保守，但是虧損的時候卻會成為「冒險家」。讓我們回顧一下《理財幼幼班：慢賺的修練》一書中所提到的問題，為什麼新手這麼勇敢，願意在股票價格往下跌的過程中持續買進？搞不清楚一檔股票的本質，卻願意往下攤平的精神，在老手的眼中看來，根本就是荒野冒險家。

書中請讀者在下列兩個問題組合中，各選出一個選項：

| 問題組合一 | A：確定贏得250元。<br>B：25%機率贏得1000元，75%機率得到0元。 |
| --- | --- |
| 問題組合二 | C：確定損失750元。<br>D：75%機率損失1000元，25%機率損失0元。 |

大部分的朋友都會選擇A、D，包含我本人也是，簡單來說，選則A、D的朋友正符合康納曼教授所提出的結論，大多數的人賺一點就跑，但如果確定賠錢的時候，卻會成為風險家。

選擇B、D，A、C選項的朋友也有一些，B、D如同賭徒個性，很愛衝刺向前，而A、C則擁有較多的投資經驗，可能受到停損概念的影響，所以會讓損失金額固定。

　　最少人選的是B、C，選擇此一選項的人很少，與大多數的人性呈現完全相反的操作，願意好好掌握住賺錢的機會，也不會有「凹單」的心態，避免自己愈陷愈深而無法自拔，屬於有紀律與理性的操作者。

## 》延伸性研究的支持

　　展望理論發展多年，許多相關性的學術研究中也提出各種不同角度的驗證，這些相關研究中發現：投資人稍微有獲利就會賣出，但是如果有虧損，就會用力抱緊而且向下攤平。

　　其中一篇是Brad M. Barber和Terrance Odean兩位教授在1998年所發表的論文——「承認被誤導的勇氣」（The Courage of Misguided Convictions）。文章中有一句話，可以算是結論吧！讓我幫大家翻譯如下：

> We highlight two common mistakes investors make: excessive trading and the tendency to disproportionately hold on to losing investments while selling winners.
>
> 　　投資人常見的兩個錯誤：過度交易，以及持有損失股票卻賣掉賺錢的股票，兩者間不合比例。（賺錢容易賣掉，賠錢卻會持有）

　　這一篇文章比較PGR與PLR。所謂PGR是指已實現獲利的比例（Proportion of gain realized）；PLR是指已實現損失的比例（Proportion of losses realized），公式分別如下：

$$PGR = \frac{\text{已實現獲利（Realized gains）}}{\text{已實現獲利（Realized gains）} + \text{帳面獲利（Paper gains）}}$$

$$PLR = \frac{\text{已實現損失（Realized losses）}}{\text{已實現損失（Realized losses）} + \text{帳面損失（Paper losses）}}$$

這樣子還是有點難理解這兩個公式，舉個簡單的例子，假設買A股票總共獲利100萬元，賣出的部分獲利20萬元，已經進了口袋，還有80萬元沒有賣出，這80萬就是帳面獲利。

$$PGR = \frac{20}{20 + 80} = 20\%$$

假設買B股票總共損失100萬元，賣出的部分損失10萬元，還有90萬元沒有賣出，這90萬元就是帳面損失。

$$PLR = \frac{10}{10 + 90} = 10\%$$

統計出來的結果

|  | 全部月份 |
|-----|-----|
| PGR | 0.148 |
| PLR | 0.098 |

從這一個數據顯示虧損的股票比較不會賣出，獲利的股票賣出的比例會比較高。此一現象稱之為「處置效應」（Deposition Effect）。國內對此進行更深入的研究，其指出「處置效應」並不一定會存在，當風險水準處於極低的情況（風險＜0.5%），投資者有一丁點的損失，都會立刻停損，只賺一點點的時候，卻不願意獲利了結，反而存在「反處置效應」。當風險水準處於1%～7%之間，「處置效應」的現象才出現[134]。

簡單來說，將風險分成4級（1最輕，4最重），第2等級或者是亂世的第4等級風險才會出現「處置效應」，平靜無波的日子的第1等級或者是第3等級，反而是「反處置效應」。

| 風險等極 | 風險＜0.5% | 1%＜風險＜7% | 7%＜風險＜39% | 風險＜40% |
|---|---|---|---|---|
| 類型 | 反處置效應 | 處置效應 | 反處置效應 | 處置效應 |

簡單來說，就是「小跌停損，大跌裝死」。

## 》宏達電的攤平慘劇

談一下宏達電（2498）這一檔股票的故事，從2011年4月一路下跌到2015年8月最低大約40元左右，投資者往往不考慮像是基本面或技術面的其他因素，只看到價格下跌就買進的投資人可真不少，而且愈下跌，選擇攤平的悲慘投資客真是不少。

在網路上看到一個案例，某位大媽於1,000元買進宏達電（2498），一路上漲到1,300元，由於許多外資上看1,500、2,000不

[134] 張振翔，《投資績效與適應性市場假說——台灣股票市場的實證分》，中山大學碩士論文。

等之價格，即便宏達電（2498）價格快速下滑，這位大媽選擇愈跌愈買、不斷攤平，後來2013年跌到了250元，整體投資金額累積到上千萬，卻已經慘賠近七成。

散戶的慘狀如此，法人投資操作會不會比較好呢？

新壽因支持台灣自有品牌，據稱在一場飯局中，聽聞宏達電（2498）每股賺進72元，佩服不已，遂在經營高層的指示下，在每股平均1,100元以上價格投資6,000張宏達電（2498），最後在2015年陸續認賠出清，大約慘賠了50億元[135]。

康納曼教授在《快思慢想》（Thinking, Fast and Slow）的論著中，討論大腦系統一與系統二的雙系統運作，或許可以稱之為意識與潛意識，現在很多主要的行銷書籍，或者是很多知名的行為經濟學書籍，都是以這本書的論點為基礎。（有關系統一、系統二的討論，可以參考本章「正確的盤感需要訓練」）

這本書雖然很有名，但當我在課堂上詢問看完的學生請舉手，到目前還沒有一位看完過。我當初翻閱這本書的時候，發現雖然很厚，但書中的內容都已經看過了，原因在於展望理論已經提出很久了，許多延伸性的研究已經發展了許多年，甚至於很多研究者早就出版了相關的專書，這也讓我閱讀這本書的速度非常快。

在我講授投資理財課程，很喜歡把大腦運作放在核心課程中，對於許多初學者而言，會告訴他們學習投資理財知識的成長階段：

**6個月中階高手 → 3年頂尖高手 → 10年開始賺錢**

---

[135] 〈投資宏達電 新光吳東進：不幸被套牢〉，
http://tube.chinatimes.com/20150612004080-261402。

　　大家看完這三句話之後，是否會覺得很納悶，3年都成為頂尖高手了，為何10年才開始賺錢。原因很簡單，投資理財的專業知識並不難學習，花個3年的時間，差不多就可以把總體經濟、基本分析、技術分析、會計財報、新聞資料搜尋等領域知識學起來。

　　可是即便擁有這些知識，還是難抵禦投資過程所遭遇的心魔，這個心魔並不是鬼怪、他人，而是自己，如同前面所提到的投資人稍微有獲利就會賣出，但是如果有虧損，就會用力抱緊而且向下攤平，為什麼會這樣呢？都是因為大腦演化的結果，在我個人的第二本書《圖解魅力學》中，介紹了許多大腦的運作機制，是理解個人大腦的入門書籍，而這也是第8章討論「投資心理素質」的原因。

< 本 書 建 議 >

1. 當你成為豐富理財知識的高手，要能真正賺錢，必須認識自己、戰勝自己的心魔。

2. 行為經濟學如同早期的心理學，透過許多實驗的研究結果，可以更認清自己的大腦特性，瞭解大腦的缺點，並且避免大腦在投資過程中出錯。

# 36 | 設定一個財富目標

## 》賺太多未必快樂

年收入該設定多少？60萬、100萬、200萬，還是更多呢？

在訂定理財目標時，年收入是很重要的一環，是累積投資本金的基礎。當年收入目標設定了，前進才有動力與方向。除了自己想之外，也可以參考別人設定的目標。個人常常會買一些書來看，如果作者有設定目標，且有提出依據，都可以作為自己參考的數字。

像是2015年諾貝爾經濟學獎得主迪頓（Angus Deaton），其在2010年的一項研究成果提到，年收入超過 7.5 萬美金的人（約為新台幣240萬），比起其他收入族群，自我評估生活中的快樂情緒不會隨著收入而增加。換言之，賺到7.5萬美金，可以讓你生活滿意度增加，但當達到一定收入之後，則無法讓你提高情緒幸福感[136]。

生活滿意度與情緒幸福感，感覺都很相近，換個方式來形容可能比較好理解，如果你有錢可以騎摩托車、汽車、高級汽車、私人遊艇、私人飛機，愈高等級的收入，可以讓你的交通工具更高級，就能產生愈高的生活滿意度；然而快樂、壓力、悲傷等情緒幸福感，則並非與生活滿意度有關，如同關在皇宮中的公主，享受美食、穿著最美麗的衣服，但未必是快樂的。此一研究結果的重點在於：賺愈多愈快

---

[136] 〈「多少錢能買到快樂？」諾貝爾經濟學獎新科得主：年收入224萬〉，http://www.thenewslens.com/post/231611/。研究論文：High income improves evaluation of life but not emotional well-being，http://www.pnas.org/content/107/38/16489.full。

樂,但賺太多未必快樂,只是收入愈低,生活滿意度與情緒幸福感也都會下降,原因可能是貧窮帶來的疾病、離婚、孤獨等因素。

類似的實驗還蠻多的,有些是正式的實驗,有些只是一般的調查。有一份星展銀行「亞洲退休樂活指數」調查蠻有趣,台灣樂活指數僅47分,排名亞洲六大市場倒數第三[137]。這六大市場是印尼、印度、中國大陸、台灣、新加坡、香港,既然是倒數第三,你一定會想最後兩名是哪兩個國家呢?

印尼?印度?還是中國?結果都不是,讓我們看一下排名分數:

居然通通都不是,反而是筆者本來認為排名在前面的新加坡、香港。感覺這兩個地方這麼有錢,應該對於退休最具有期待與滿足感,結果居然出乎意料之外,這實在讓人很納悶。過去也有許多類似的研究,有大規模的國際調查發現,貧國人民雖然沒有富國人民快樂,但是當一

| 排名 | 國家 | 分數 |
|------|--------|------|
| 1 | 印尼 | 72 |
| 2 | 印度 | 69 |
| 3 | 中國大陸 | 61 |
| 4 | 台灣 | 47 |
| 5 | 新加坡 | 46 |
| 6 | 香港 | 39 |

▲表8-1

國的國民生產毛額超過一定水準之後,財富與快樂之間的關係就脫鉤了[138]。另外也有調查發現經濟成長率較高國家的民眾,幸福感低於經濟成長率較低國家的民眾,原因在於經濟成長帶來的是貧富不均更形惡化,不穩定性提高,這些都造成不快樂的原因[139]。

---

[137] 〈國人退休樂活? 6成愁錢不夠花〉,
http://www.cw.com.tw/article/article.action?id = 5073839。
[138] 李察‧韋斯曼,《怪咖心理學2》,第20頁。
[139] 費德里科‧皮斯托諾,《機器人即將搶走你的工作》,第158頁。

> 不要把成績當成學習的目標
> 不要把數字成為生命的終點

## 》不想，就能快樂嗎？

印尼、印度為什麼快樂指數高？不是窮到前胸貼後背嗎？會不會是因為不要想貧窮的痛苦，就不會痛苦了。

這是一個蠻好的假設問題，但實際上卻不是如此，筆者先從大腦運作開始講起。在講授有關大腦運作、潛意識課程的時候，會跟學員說：「植入記憶的第一個技巧，就是由大腦自行創造客觀事實。」這時候學員用很迷惘的眼神看著我，不知道在說什麼。當然，只好讓學員做一個實驗，接著對學員說：「等一下我會描述一個客觀現象，然後你們要判斷是否存在。」

學員問：「老師，別賣關子了，是什麼現象啊？」

情狀很簡單，就是：「我現在沒穿衣服。」

這時候就會有學員噗哧地笑了出來，很奇怪的一件事情，女學員也大方地噗哧地笑。

這時候我會指著笑得最大聲的女學員問：「你剛剛看到我的裸體了嗎？」

學員默默不語，現場一片尷尬。這時候要趕緊導回正題，否則就變成性騷擾了。因為當我說出裸體的狀況，學員的大腦會自動搜尋一個裸體的圖像，甚至於會與我的頭像相結合，大腦很容易產生一個我裸體的圖像；下一個步驟則是再與客觀有穿衣服的我相比對，發現不符合，所以得出台上的我目前並不是裸體的結論。

這就是大腦的運作模式。

## 》杜斯妥也夫斯基的著作《冬季之夏日印象雜記》

在探討不想貧窮這件事情，是否就會不痛苦的議題時，要先回到1863年，杜斯妥也夫斯基（Fyodor Dostoevsky）的著作《冬季之夏日印象雜記》（Winter Notes on Summer Impressions）中，有提到腦中浮現北極熊的一段話：

> Try to pose for yourself this task: not to think of a polar bear, and you will see that the cursed thing will come to mind every minute.
>
> 嘗試去做這一項工作：不要去想北極熊，你將會一直看到這該死的北極熊。

哈佛大學心理學教授丹尼爾·維格納（Daniel Wegner）是心理抑制研究之父，偶然看到這一段話，決定實驗是否確有此事。因此他做了一個簡單的實驗，請了一些受測者並要求他們花5分鐘的時間描述正在想的東西，並且不要去想北極熊；如果想到北極熊，就按一下鈴。研究結果蠻有趣，即使實驗過程有特別強調不要想北極熊，但每位受測者平均每分鐘想到北極熊的次數還是超過1次[140]。

接著，再請受測者開始去想北極熊，結果發現他們想到北極

---

[140] Suppressing the 'white bears'，http://www.apa.org/monitor/2011/10/unwanted-thoughts.aspx。

熊的次數，比那些一開始就被要求想北極熊的次數還多。這個實驗告訴我們一件事情，當你克制自己不要去想的時候，這個思緒反彈（rebound）的力量會很大。

後來，丹尼爾‧維格納發展出一套理論與證據，來解釋為何「愈不去想，卻愈會想」的現象；其發現當大腦有一部分抑制思考某一件事情時，另外一部分的大腦卻會一直去確認這件事情有無出現，結果導致這件事情就出現在大腦中了。

當你要求大腦不要想Ａ時，大腦會不斷確認你是否在想Ａ。

## 》塞滿你的大腦

丹尼爾‧維格納在發表研究成果後，給人們一些建議來避免這種狀況的發生，其中有一點個人覺得效果不錯：找一個替代物品來專心思考。所以當股市盤勢不好的時候，有些投資者開始心情不好，如果這些人剛好是你的仇家，就跟他說：「不要想就不會痛苦了。」這時候，將會讓他們更痛苦。

投資過程中，每天看到股價漲漲跌跌，對於太貼近大盤的我，常常會產生思考上的痛苦。要怎麼降低過程的痛苦呢？其實很簡單，忙著賺錢、寫文章，儘量讓其他思緒填滿我那資源有限的大腦，這樣子就不會因為大腦遭受痛苦而做出錯誤的投資判斷。

因此，要不想貧困的事情恐怕很難。據此推論，星展銀行的調查結果，為何會出人意表，印尼、印度、中國大陸感受到樂活的指數居然比我國、香港、新加坡還要高。有一個可能是這三個國家根本沒感覺到貧困這件事情，究其原因，當地居民大多是貧窮的，人是習於比較的動物，既然均貧的情況比較普遍，沒想到貧困，也沒有了財富上的比較，就沒有了痛苦。

貧困並不可怕，可怕的事情是……發現自己在周遭朋友中屬於貧困階級。

## 》年收入175萬元

《被裁員也能賺進三千萬》的作者在書中說到追求「富裕層」的目標，很明確地提到家庭年收入要600萬元，擁有超過3,000萬的金融資產，雖然沒看到什麼研究的依據，只是單純作者口頭說出的數字，但還是拿來參考一下。

日本生活水平與我國不同，作者所提的數據可以透過「實質薪資所得」的數據來調整。日本2015年4月的實質薪資所得大約27.5萬日圓，以2015年底的匯率1：0.27換算，大約是7.425萬新台幣。我國2015年4月「實質薪資所得」大約4.33萬元。

所以若依照這位作者的標準，參酌實質薪資所得的比例，換算出台灣富裕層的標準：

> 家庭年收入：600×4.33/7.425 = 350（萬）
> 金 融 資 產：3,000×4.33/7.425 = 1,750（萬）

金融資產慢慢累積，但是家庭年收入大家可以先努力拼拼看喔！如果是一個人的話，請通通除以2，也就是個人年收入175萬，感覺跟7.5萬美金（也是要折算實際薪資比例）也相去不遠，至於資產則是875萬元，年收入與資產是同時要追求的目標。當然這些都只是參考數字，你可以就相關數據進行調整，調整的標準也可以用各種指標，例如大麥克指數，可以藉此調整成身處台灣的年收入與資產目標。

我常常提醒朋友要提早準備好退休的資金，有些朋友會回答只要退休慾望不高，差不多差不多也可以過生活。

這樣子講沒有錯，但也不算對。

怎麼說呢？

因為人的收入通常會逐漸成長，但隨著收入的成長，消費慾望也會隨之成長，而且很不幸的一件事情，大多數的朋友消費慾望成長率會超過收入的成長率，形成資產成長的「死亡交叉」。

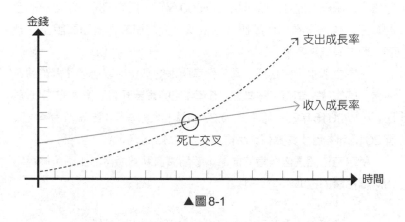

▲圖 8-1

除了消費慾望外，隨著家庭生活的複雜化，上有老父老母，下有幼子幼女嗷嗷待哺，都會讓自己的支出更加複雜化。所以在支出規劃的時候，不應該以30歲的需求來規劃50歲的生活開銷。許多人每個月收入3萬元，當發現自己投資收入已經可以穩定收益3萬元時，就異想天開地認為自己已經財富自由，可以辭掉工作，享受快意人生。隨著年齡增長，卻發現一件事情，結婚生子後，買房、買車、養小孩，上還有高堂待奉養，這些龐大的開銷，可能每個月一開始就3萬元繳出去了，早就不是只需要3萬就可搞定的單身生活所能相比。

當你設定一個財富目標，請思考未來生活為規劃基礎。

〈 本 書 建 議 〉

1. 不要把成績當成學習的目標，不要把數字成為生命的終點。

2. 大腦的運作方式，當你想要不去想 A 的時候，大腦反而會不斷地去確認你有沒有在想 A。要避免這種狀況，找一個替代物品來專心思考，塞滿資源有限的大腦。

3. 貧困並不可怕，可怕的事情是⋯⋯發現自己在周遭朋友中屬於貧困階級。

4. 隨著隨著收入的成長，消費慾望也會隨之成長；除了消費慾望外，隨著年齡的增長，支出會更複雜與多元化。因此，當你設定一個財富目標，請思考以未來生活為規劃基礎。

# 37 | 正確的盤感需要訓練

## 》盤感＝直覺＝系統一

很多人投資的時候，常會告訴別人明天會上漲。但問他為什麼這麼判斷，回答卻很抽象，只說自己的感覺一向很準，據此來決定操作的方向。這樣子的投資方法對不對呢？我們必須要先瞭解一下「盤感」，也就是直覺投資的運作模式，才能夠知道這樣子的投資直覺到底可信與否。

2002年經濟學獎得主康納曼（Daniel Kahneman），也是知名著作《快思慢想》（Thinking, Fast and Slow）的作者，提到了人的大腦有雙系統。投資之前有必要理解一下「系統一」（快思）與「系統二」（慢想）的概念，以及兩者是如何交互運作。

| 名稱 | 概念 |
|------|------|
| 系統一 | 潛意識、快思、感性 |
| 系統二 | 意識、慢想、理性 |

很多情況專家提醒我們，選賢與能、投資股票、決定重大事件等等，理性思考（慢想）是一件很重要的事情；但是人類在演化過程中，有些情況不能夠太理性思考，而必須果斷、快速地做出決定。例如當人類在荒野中狩獵，可能遇上兇猛的獅子，這時候生命遇到了危險，必須要立即反應，如拔腿狂奔就跑，根本不容許有思考決策的時間。

　　大家應該沒有被獅子追過，當然我也沒有。換個簡單的例子，如果遇到歹徒攻擊，練過武術的人知道一個小技巧，就是揮個空拳到敵方的眼睛，對方的眼睛不自覺地會閉起來，利用潛意識所造成閉眼睛的反應，就在那一瞬間，屬於攻擊對方的最佳時機。

眼睛遇到攻擊 →（大腦潛意識運作）→ 閉上眼睛

　　這是一種保護脆弱眼睛不受到傷害的機制，在眼睛遭遇到快速攻擊的時候，大腦沒有辦法運用系統二的「慢想」來保護眼睛。如果大腦採行系統二（慢想）的運作，當拳頭揮近眼睛的時候，大腦會思考著這一拳將要打到眼睛，我可以有三種選擇機制：

　　1. 眼睛閉上。

　　2. 右手舉起來抵擋。

　　3. 左腳踢對方。

　　接著在使用利弊得失的運算，選出了用2是最好的防禦方式，接著舉起右手來擋。或許這樣子的思考過程也不過才0.5秒鐘的時間，但結果是大家都可以想像到的悲慘結局，以系統二（慢想）的方式做出決定，眼睛一定會被打到黑青。

　　來到了現今這個年代，這樣子的大腦機制依舊存在，而且非常好用。像是我們開車的時候，已經建立了一個剎車模組，也就是發生突發事件，可能是一條小狗突然從小巷道衝出，距離車頭不過5公尺，這時候來不及透過有系統二（慢想）來做出決定，大腦就自動以系統一（快思）的方式，讓右腳先急踩剎車，可能再加上方向盤的轉彎，避免發生撞上小狗的遺憾。

系統一：快思的存在，是為了保護我們避免遭受急迫的危險

　　筆者在《圖解魅力學》一書中提到一個範例，稱之為Stroop Test。在看以下說明之前，大家可以先在網路上找一下Stroop Test相關的「彩色」圖片，參考圖片如下：（本書因印刷的限制，所提供的下表為單色）

▲圖8-2

1. 請由左至右大聲地唸出文字，大聲唸出來的效果比較好。

2. 接著，以同樣的順序唸出文字的顏色。

　　如果你發現第2次唸的時候會卡卡的，代表你的大腦是正常運作中。即使我常在上課以此圖為範例教學，唸了超過50次，還是會卡卡的，並不會因為多次練習而有所改善，這是因為大腦採行雙系統的運作。

　　第2次唸的時候，在大腦系統二運作中，看到的顏色是紅色的，可是系統一大腦運作中，有稱之為「潛意識」，卻顯示這一個字是「黃」。兩者產生了衝突，所以讓自己快速唸出的時候產生了猶豫，感覺卡卡的。

　　測謊也是屬於類似的機制。當你要說假話的時候，系統一的快思告訴自己說錯了，必須要進行修正，也因此心跳、血壓的生理現象會產生變化，是可以透過客觀儀器發現對方有沒有說謊的表徵。

　　系統一的快思，可以讓我們快速做出決定。

## 》專家，是一條訓練過的狗

在瞭解大腦雙系統的關係之後，我們再來討論盤感這件事情，就會比較明確。當我們透過盤感來決定是否買入或賣出股票時，必須要經過嚴格的盤感訓練，所做出來的判斷會比較準確。

盤感也可以訓練嗎？

有些系統一的快思是與生俱來的，但也有很多是後天訓練的結果。

以電腦來想像，剛送來的電腦預設一些小程式，像是小畫家、小算盤等預設程式，有些會附贈Office的文書處理程式，但除此之外，因為電腦容量有限，不可能把所有功能都輸入其中。在《人類還在玩猿猴把戲？》這本書中，提到人類心智的傾向性被心理學家稱之為演算法（algorithm），與電腦程式具有相似性，兩者都是設計來解決特定問題或任務[141]。

大腦，與電腦極為類似。

只是大腦的容量更小，所以預設的程式也不多，很多都必須透過後天的教育來完成。還記得電影「駭客任務」中，男主角尼歐剛被救出來，開始學習一些武術的技巧，也是透過程式的植入，才能夠立即通曉各項武術的技能。

人類也可以植入各種程式，像是學習如何騎乘腳踏車，剛開始學騎腳踏車的時候，要知道右腳先跨上腳踏板，接著把腳踏板拉高，踩下，就開始前進了；一開始前進的時候會不平衡，透過左右手調整把手的方向，慢慢地經過一段時間的練習，就可以很精巧地操控平衡。

---

[141] Dario Maestripieri，《人類還在玩猿猴把戲？》，第275-276頁。

這一段時間的學習過程，如同在大腦植入騎腳踏車程式。

如果沒有植入程式的這個過程，要利用系統一的快思是無法順利騎乘腳踏車。摔倒造成的疼痛，就是告訴你一件殘酷的事實，你的大腦沒有處理騎腳踏車這件事情的程式。

回到一開始討論的「盤感」，這是有點危險的直覺，因為並沒有像是騎腳踏車所產生跌倒的疼痛感，能夠回饋你的選擇是否正確。換言之，你並沒有接受過完整的投資訓練。唯一能夠造成回饋的感覺，就是失敗的虧損，只是虧損雖然很痛，但不代表決策是錯誤的，股市投資本來就是多變因素造成的漲跌結果。

很多人運氣不錯，隨便投資隨便賺，尤其是股市長時間大漲的時候，怎麼買怎麼賺，像是2008年金融海嘯發生後，出現了許多賺了錢開始寫書的作家。當然有很多作家是真的有實力，寫出許多自己如何投資的方法，但也有很多人所寫的書，就好像是告訴你騎腳踏車只要一踩上去，方向盤抓緊就會直直順利地往前行，殊不知腳踏車會那麼順利地往前，是因為大盤趨勢向上的那一隻黑手，如同媽媽教你騎車在後面扶你一樣，而你卻以為一切都是靠自己賺來的。

盤感的直覺，需要專業且正確的長期訓練，單純的賺賠恐怕並不是正確的回饋。個人建議透過定前寫下投資紀錄和心得分享，加註賺錢與賠錢的理由，可以讓自己的盤感愈加正確。

## 》如何訓練我們的盤感呢？

要怎麼訓練才能有正確的盤感呢？前文提到了這麼多的分析，或許大家還是頭昏昏地不太理解，讓我再為大家先介紹麥爾坎‧葛拉威爾在其《決斷2秒間》一書中，提到一個判斷藝術品真偽的例子。

藝術品交易商貝奇納與美國加州的蓋提美術館接洽，宣稱他擁有

一座西元前六世紀的大理石雕塑的「少年立像」(Kouros)，因為保存地出奇得完好，開價也逼近1千萬美元。因為開價頗高，館方也深入查證判斷真偽，不但以高解析立體顯微鏡檢視雕像的表面，還挖一小塊採樣，透過各種高科技的技術進行驗證，結果判定這座雕像必然相當古老，並非當代贗品。

館方也據此同意買下該藝術品，並公開這項交易。但在公開後，許多藝術家紛紛提出疑點，覺得這座雕像很不對勁，但又說不上原因。荷莉森，全世界最頂尖的希臘雕像專家之一，在交易定案之前看到了這座雕像，隱然直覺到這座雕像少了些什麼，有一點不對勁；接著又帶著大都會博物館前任館長霍溫二度造訪，也只感到「新穎」不對勁的感覺。

一個千年出土的雕像，卻讓專家有著「新穎」的感覺，對於任何只要看過從地底下出土雕像的專家，都能感受到這件「藝術品」應該不是從地底下出土而來。當時這一個謎團也引發許多專家廣泛地討論，後來終於發現其所依據的文件為偽造，並發現許多看似千年遺跡的表徵，都是假造而來，例如以馬鈴薯黴菌處理白雲質大理石雕像表面，只需幾個月時間就可以製造出「年代久遠」的效果。

這些專家的直覺勝過許多細密科學儀器的檢驗，並不是代表著系統一的「快思」遠比系統二的「慢想」來得重要，而是告訴我們一件事情，專家是經過長時間訓練，並且具有一定的知識與經驗，其所建立的內部系統一的快速辨識模組，數量非常龐大，其功能遠遠超過科學儀器的檢驗。但也不是就此排除掉科學儀器的價值，而是專業訓練的直覺搭配上科學儀器的檢驗，相信會找出與事實更接近的結果。

投資也是一樣。

很多時候談了一大堆的分析，股票的走勢就與分析的結果背道而

馳。但這並不是說分析不重要，而是告訴我們要先有專業的訓練，包括基本面分析、技術面分析，缺一不可；價量、籌碼、財報、新聞分析、產業分析、趨勢分析、總體經濟、數據分析，也都是訓練專業直覺的基礎；當你學會這些基本概念後，再來談盤感，可能會更洽當。

投資的正確直覺蠻重要的。

當你把一堆數據攤開，有基本面分析、技術面分析，還有ROE、ROA、毛利成長率、營益成長率、自由現金流，一堆數字放在你面前，有一些項目加1分，有一些項目扣2分，加加減減得出了一個總分。

假設得出來的總分是80分，屬於可以投資等級的股票。但這一檔過濾出來的股票，卻又有說不上來的怪異，可是再三檢視數據，卻又覺得沒有問題。理性告訴我這是一檔可以投資的股票，但是潛意識似乎採取反對的意思，如果你的潛意識有深厚的訓練，這時候建議聽從潛意識的建議。投資這件事情最好採取保守的策略，當有疑慮的時候，就要採取不投資的策略。

## 》善用系統提升自己的判斷

在薪資兩極化的世界，你必須為自己的勞動力加值，運用數據、創造數據的價值，是一項很重要的能力，也是本文提到很多次的「人機一體」概念。數據分析、電腦網路科技，除了能降低生產成本、提升服務外，也可以提升我們專業的服務品質[142]。

舉個例子來說，很多人會問律師：我所犯的罪行會面臨多重的刑責？現在的司法系統，已經在開發一套系統，透過過去案例的分析，來預判你可能面臨的刑期，如「量刑資訊系統」。你並不需要會使用

[142] 泰勒・柯文，《再見，平庸世界》，第146頁。

該系統，律師可以透過這個系統，更精準地、不費太多蒐集資料的工夫，就可以告訴你可能面臨的責任。

有些朋友喜歡使用程式交易，也有許多人靠設計程式交易讓投資者照著下單，宣稱可以獲利豐厚。厲害的程式交易專家，並不會純然靠著程式自我操作而獲得勝利，而是更瞭解程式交易的運作模式，並知道程式的優點而能為己所用，也能知道電腦失靈的樣子，在關鍵時刻出手避免出了亂子[143]。

畢竟程式交易是將投資理論與策略寫成程式，當符合一定客觀情況時，就會進行買入或賣出的操作，但這些投資理論與策略通常都有其限制。如同許多研究論文一樣，研究的結果大多是在實驗控制的條件下，研究某些特定因素的關聯性或因果關係。然而，實際交易環境複雜多了。

如同泰勒‧柯文在《再見，平庸世界》一書中所提到，對於精煉和直觀的理論，應該抱持懷疑態度，並盡情地享受雜亂感。當你單靠著程式所依據的特定理論與策略而進行操作，卻不隨著客觀環境進行變更，全然地依賴程式操作，也許95％的操作都是正確，但5％的不可預期性，將會吞蝕全部的獲利。

程式如同一個人的個性，如果出奇得規律，而且可以預測，將會變成他人利用、打擊的弱點。譬如2016年立法委員選舉，時代力量新科立委林昶佐分析對手國民黨參選人林郁方過去發言紀錄，發現他對自己的學歷及專業「滿自負」，只要遭遇攻擊批評時，林郁方一概採取強烈反擊；分析完人格特質後，吳崢建議主動出擊，發動一波波文宣戰，質疑林郁方過去的政策，果然林郁方從起先輕蔑冷處理的態度，到後來「連續2、3個鐘頭都在罵我們」林昶佐將選戰炒熱，形

---

[143] 泰勒‧柯文，《再見，平庸世界》，第108-111頁。

成兩強對決態勢，最後順利當選。

　　把程式分析當作一個人來理解，只是一個更迅速找到所要資訊的協助角色，自己才是主角，電腦系統觀察的角度可以提升你的視野、強化你的精準度，但你也要知道電腦系統的盲點，為己所用而不要全然依賴。

< 本 書 建 議 >

1. 定期寫下投資紀錄和心得分享，加註賺錢與賠錢的理由，可以讓自己的盤感愈加正確。
2. 理性告訴我們這是一檔可以投資的股票，但是潛意識似乎採取反對的意思，如果你的潛意識有深厚的訓練，這時候建議聽從潛意識的建議。投資這件事情最好採取保守的策略，當有疑慮的時候，就要採取不投資的策略。
3. 單一模型無法解決與預測複雜的世界。

Note

# 38 | 經營者的肢體語言

## 》可以訓練看穿謊言的能力嗎？

筆者因為工作的關係，時常須要判斷對方講話的真假，為此查找過許多國際間知名學者的學術論文，看過有趣的影集（Lie To Me），還有許多潛意識的書籍。花了這麼大心思的努力，目的是為了想瞭解能否透過訓練判斷對方是否在說謊？

在《圖解魅力學》一書中，提到有很多人被稱之為「真相巫師」（Truth Wizard），對於微表情的判斷相當準確，但即便有這種聳動的綽號，也無法做到百分之百準確。「真相巫師」是實際上的實驗後對他們的稱呼，研究人員找了1萬5千多人，進行多次影片辨識測試，一般人判斷正確率大約五成，但真相巫師的正確率超過八成[144]。

有一位真相巫師，現在為美國各地執法機構訓練人才，他在一次檢測中，分析當事人是否說謊的39件個案中，有37件精準猜到。但很不幸地，法律程序是很難接受2件的誤判，在重視「寧可縱放一百，不可錯殺一人」的法庭程序，尤其是刑事程序，這樣子低的誤判率還是讓人猶豫。所以，這些說謊分析的技術在法律程序上的地位不高，如測謊般只能當作參考之用[145]。

---

[144] Matthew Hertenstein，《以貌取人，再也不會看錯人》，第195-197頁。

[145] 測謊鑑定如符合測謊基本要件，包含：鑑定人具備專業之知識技能，事先獲得受測者之同意，且所使用之測謊儀器、測試之問題與方法又具專業可靠性時，且受測人身心及意識狀態須正常等，即得採為審判之參佐。請參照最高法院103年度台上字第3808號刑事判決。

　　但是也有許多書籍引用的研究報告，發現很厲害的警探與一般人一樣，對於實驗室中的題目，真假的判斷能力有限。這一些實驗的結果讓我有點兒沮喪，因為花了這麼多的時間，結果居然令人感到沮喪，即使是專業人員一樣無法經過訓練與經驗的累積改善判斷真假的能力。如果我個人繼續研究下去，預期得到的效果也只是普通而已。

　　直到後來閱讀了一些資料，書中談到另外一種讓我覺得比較正確的講法，就好比是童話故事中王子找到了心中的公主一樣，人生終於重新找回了希望。這一個論點，也就是我現在個人的看法：只要經過訓練，可以針對特定領域的內容進行真偽判斷。那些厲害的警探之所以在實驗室中沒有特殊的表現，因為實驗判斷真偽的項目並不是他們熟悉的專業領域。

　　單是這一點就讓我改變了一個很重要的想法，司法官在判斷歹徒所說的話是真的還是假的，關鍵在於看過的案例是否夠多，而不是在於社會經驗是否夠多。當一個司法官看過詐騙案件的帳戶人頭，每位人頭帳戶的所有人都辯稱不知道帳戶被拿去詐騙之用，聽久了，大腦自然就產生一種詐騙者說話的模組，所以即使是剛畢業考上司法官的年輕人，判斷真偽的準確性依舊很高，因為這種詐騙案的判斷在社會上沒有大量的訓練機會，只有在法庭上才可能1年幾百件。

　　據此，個人提出未來司法改革時，可以參考下列想法：

1. 畢業生考上司法官未必對被告說謊的判斷有比較差的表現。
2. 專業法院成立的重要性，如同智慧財產法院就是一個不錯的例子。

　　確認了這點，我持續進行「微表情」（Micro Expression）的資料整理作為判斷說謊與否的研究之一，並進行各種有趣的觀察與練習，像是我會看「中國好聲音」的節目，這個節目邀請像是庾澄慶、

那英、阿妹等知名藝人擔任評審兼導師，來評斷參賽者唱歌的水準並決定是否要將之納為旗下歌手。

在參賽者上台前，導師兼評審背對舞台坐著，參加比賽的參賽者上台唱歌時，導師兼評審並不能看到參賽者，只能聽到聲音，如果這些導師覺得唱得好，想要把參賽者納入旗下，可以按個鈕，把椅子轉過來。如果有很多導師轉過來，參賽者必須從眾多轉過來的導師之間，挑選一位他想要加入戰隊的老師。

這時屬於既喜悅但卻充滿尷尬氣氛的時刻，因為導師們都是一方之霸，小咖的參賽者想必不想也不敢得罪老師，可是規則即是如此，不能全選，只能選擇一位。導師將椅子轉過來的喜悅，早已經因為難以抉擇，或者是說早就已經決擇好要選哪一位老師，但不想要得罪其他導師的狀況下，表情上產生了特殊的扭捏，嘴巴上講的是一套，但是潛意識卻藉由微表情透露出一些訊息。

微表情中的線索，在短暫的時間內會出現，想要猜出節目中參賽者會選誰，就必須要在極短的時間內抓住那一瞬間的微表情，這是練習「微表情」（Micro Expression）判斷的好機會，不會枯燥又很有趣，而且一次節目中就可以看到許多參賽者的抉擇與微表情，這是我常自我訓練的管道之一。

## 》重大訊息說明會

除了「中國好聲音」的節目外，我還會關注企業的重大訊息說明會。尤其是事件很重大，讓企業主很困擾、壓力大，但法律規定又不能不開記者會。硬著頭皮上的結果，往往就能在微表情中，找出比記者會形式上的口頭聲明還要多的訊息。

2006年，友達光電公司在美國遭控反托拉斯法，奇美公司、韓國三星公司、日本夏普公司、NEC公司、友達光電公司等當時涉嫌操控面板價格，其中三星公司還早一步變成汙點證人，把相關事證交給了美國司法部。友達一直堅認沒有任何錯誤，最後歷經一番司法努力，美國一審陪審團於2012年還是認定部分有罪，友達光電於3月14日（三）立即召開重大訊息記者會。

友達光電董事長李焜耀親自出席此次的重大訊息說明會，席中依然強調無罪、堅持上訴的論點，大部分時間中，董事長李焜耀的表情都是平靜的。忽然之間，我發現一個小小的動作，李焜耀不經意地看了位於其左側法務長一眼的動作，大約只有不到半秒的時間。

在看法務長一眼的時候，李焜耀正在否認公司有做「聯合」的動作[146]。這個不經意的動作透露出微妙訊息，讓我覺得李焜耀先生可能在說謊，或者是有一些不確定的狀況[147]。

再加上身為法律人的我，深知美國法院判決與我國司法體系不太一樣，當一審被判決有罪之後，要翻身可是非常地難；相較於美國，我國司法判決常常是一審重判、二審輕判、三審回家吃豬腳麵線，所以友達光電聲稱要上訴，其實意義不大。

基於上述兩個原因，隔天就把友達全部出脫了。事後股價也大約從15元一路跌到8元左右，不確定是否算是那個微表情救了我，但也讓我對於微表情的研究有了更深入的興趣。

---

[146] 聯合，是指與其他廠商聯合壟斷價格，可參考我國公平交易法。

[147] 類似看律師的情況，也出現在林益世否認收取黑錢的記者會，請參考影片的2分53秒之處，林益世在解說的過程中，看了幾次其左側賴素如律師，蠻有趣的一件事情是後來兩人都受到官司纏訟。http://youtu.be/vHcke03GpDQ

## 》日月光與矽品之戰

日月光公司（2311）於2015年8月21日宣布要收購矽品公司（2325）普通股及美國存託憑證，身為1984年成立的老字號矽品公司董事長的林文伯感到非常訝異，但因為自己能掌控的股權比較低，日月光宣布要收購25%的股權，以現行企業股權均相當分散的現況來看，25%在董監事改選時幾乎是穩操勝券。

2015年8月間剛好遇到小股災，股市一路從萬點下滑到大約7,200點，矽品股價也從2015年2月間最高的57.9元，8月份一路殺到最低只剩下32.5元，整個價值浮現出來，也成為日月光覬覦的標的。

矽品，是世界第三大IC封裝測試公司；日月光則為第一大，但名聲並不太好，電影「看見台灣」意外揪出該公司排放廢水的事蹟，雖然到後來都不了了之，但在國人的印象都不屬於綠色企業。在商言商，隨著大陸紅色供應鏈的崛起，併購是面對競爭最佳的策略。既然矽品的股價來到低點，整個矽品相關集團所掌控的股份也不高，敵意併購成功的機率很高。

對於日月光的進犯，林文伯與鴻海公司（2317）董事長郭台銘聯繫，希望透過發行新股與鴻海交換股權，讓鴻海成為最大股東，掌握21.24%的比例；並藉此稀釋掉日月光的股權比例，降至19.69%。對於鴻海而言，能夠以便宜的價格掌握一家公司的股權，這可真是天上掉下來的禮物，焉有推拒門外之理，於是兩人一拍即合。

林文伯更趁著日月光在程序上還未實質掌握25%的股權之前，趕緊召開股東臨時會，希望能趁機通過相關議案。從日月光的角度來看，矽品突然召開股東會這招對日月光非常不公平，因為收購程序尚

未完成，使得即便收購了25%的股權，但股東臨時會並沒有投票權（涉及到公司法「股東名簿確認」）；為了避免剛到口的肥羊，馬上股權被稀釋，於是透過媒體等各種管道，呼籲股東不要支持這種稀釋股權，開城門引鴻海入門的不利提案。

果然，10月15日舉行的股東會，林文伯拉攏鴻海交換持股，藉此稀釋日月光股權的提案並沒有通過，日月光目前持有25%的股權已經站穩最大股東，只等著2017年改選董監事的時候，是否能拿下最多席次，或者是以其他方式強迫提前改選，拔下矽品經營權的旗幟。

## 》我該投資矽品嗎？

股市中有所謂的「董監事改選行情」，有股票才會有選舉董監事的選票，所以在改選競爭激烈的情況下，爭奪董監席次的人馬就會搶奪股票，造成股票價格的上揚。因為國內大多數的上市櫃公司在6月召開股東會，依據公司法之規定，大約在4月底股東名簿確定時，大勢將底定。換言之，規劃時程如下：

2017年6月：股東會召開，改選董監事

2017年4月：股東名簿確認

2016年10月：開始布局

只是這次要不要布局，前提在於林文伯是否要打這場仗？如果你是林文伯，你會怎麼做呢？

1. 逐漸出脫持股，當個純投資人

2. 不出脫，也不爭奪經營權，當個純投資人

3. 買進持股，與他人結盟，捍衛經營權

4. 不買進持股，與他人結盟，捍衛經營權

　如果選擇1、2那故事就到此為止，不需要往下討論了。

　所以3、4哪一個比較有可能呢？個人覺得是3，買進持股，與他人結盟。為什麼要與他人結盟呢？因為從客觀數據上來看，股東結構大多在法人外資手中，從新聞媒體所得到的數據，雙方目前是25%：18%，所以結盟外資法人大戶是必然的過程，然後加減買一些股票，增加自己的持股，再利用目前掌握經營權的主場優勢，捍衛多數席次。

　買進持股的部分，矽品股東持股分級變化：

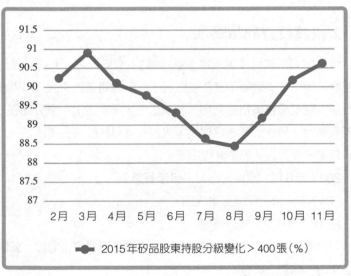

▲圖8-3

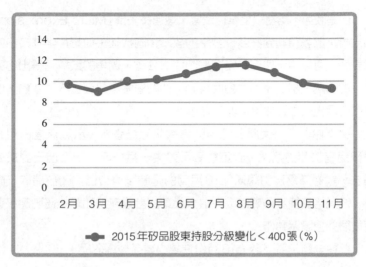

▲圖8-4

　　但是這些數據還需要其他事證輔助，其中一個支持我決定買進矽品的原因，就是鴻海與矽品董事長連袂召開記者會的一幕。從媒體記者會的影片觀察9月17日的記者會，在這場受人矚目的記者會中，不少人發現林文伯，跟半個月前出席記者會比較，神情有些疲累，在向股東賣力喊話時，也似乎因為太激動，右手不自主抖動。

　　參考過去的影片仔細觀察，有景氣鐵嘴稱號的林文伯，談話時就習慣性揮動右手，像一位演說家這次記者會表現不再意氣風發，矽品回應，董事長見過大風大浪，不會緊張，可能是有些疲累了[148]。

---

[148] 矽品林文伯肢體語言解密，https://youtu.be/oUj6Xe4Fa2c。

　　但是我可不認為只是單純疲累，透過微表情（Micro Expression）的分析，讓我預判到許多未發生的故事，同樣地，從影片中林文伯的微表情，可以看出他有點兒像是鬥敗的公雞，嘴角的皺紋看得出心頭深沉的煩悶，加上手的大幅度抖動，他的潛意識已經告訴了我們，他對於日月光入主這件事情非常在意。

　　林文伯的手抖與眉頭深鎖的重大訊息記者會，讓我深信日月光與矽品有決鬥的氛圍，必定會戰至最後一兵一卒。加上自己對於公司法、證券交易法的認知，10月間的臨時股東會召開，矽品敗下陣來，透過增資換股讓鴻海成為最大股東的計畫無法如願，研判應該還有後續的搶股票動作。

　　綜合判斷各項因素，10月份進場小買了幾張矽品。

## 》引清兵入關

　　鴻矽戀之戰慘敗後沒多久，矽品又出了大絕招。

　　2015年12月10日，矽品董事長林文伯又再度丟出震撼彈，宣布將以私募引進中國大陸紫光，總投資568億元，取得矽品24.9%股權，將超越日月光，成為台灣第二大封測廠矽品的第一大股東。如果順利成局，日月光的股權將遭稀釋為18.7%，成為第二大股東。

　　依法對此必須召開重大訊息說明會，再次親自上陣的林文伯先生，表情變得非常有自信，手也沒在抖了（應該是有人提醒），相信當年引清兵入關的吳三桂表情應該也差不多如此。

　　只是對於具有法律背景的我，評估矽品此舉對於小股東沒啥好處。主要的原因是「私募」並非公開收購，私募是指由特定對象購買公司增資的股票，而不是股東原本手上的股票。簡單來說，假設公司有100張股票，多印了33張股票，以每股55元的高價賣給大陸紫光

集團，相較於賣給鴻海才33元，那當然是賺到更多的現金。可是對於一般股東而言卻沒啥好處，因為紫光是買多印出來的股票，並不是買股東手中的股票。

## 》日月光55元梭哈全收購

日月光先前花了幾百億穩占25%的股權，又遇到這大絕招，會放棄嗎？

頭已經洗下去了，想當然爾不可能放棄。日月光立即在12月14日向矽品董事會提議，希望能以每股55元收購矽品百分百股權，預計將投入約40億美元，若交易完成後，矽品將成為日月光持有100%股權的子公司，並維持矽品公司的存續及矽品公司之名稱，此種合意併購的模式，希望公司派在12月21日回應。

立法院也在12月15日參了政治上的一腳，朝野協商達成共識，要求政府不得開放陸資投資半導體設計產業；有關紫光的收購案，經濟部投審會應予嚴審，向立法院報告之前不得許可相關投資或併購案。

看來，公司派引清兵入關的招數，短期內又受到了阻礙。

12月21日，公司派認為無須對日月光公司的提議做出正式回應，於是日月光就表示將以55元的價格，再次收購約25%的股票，如果順利收購完成，則所持有矽品股票就可以高達近50%的股權，也就是幾乎掌握了這家公司。

消息出來後，股票大約漲到52～53元之間，我也在此把股票獲利了結。

## 》勝率高的時候值得進場

職業賭場的賭博玩家，會透過算牌的技巧，來計算剩餘撲克牌的顏色與花色，並快速計算出勝率；當發現勝率高的時候，則壓大注，但是勝率低的時候，則壓小注或不玩。

股市也是一樣，「好像會漲……」這樣子的想法並不值得你投資許多錢下去。當你很瞭解整個市場的體系，考量到許多可能的因素後，發現高達90%以上的機率會漲，並且有能力條列出來。

看清楚的你，這時候就值得壓大注投資下去。

矽品這個案子，在整個過程當中，從許多面向來看，雙方的法律攻防已經到了極致，好比是當年三陽內鬥的故事，可以把股價從十幾元，一路炒高到2014年的63元，2016年已經回到了20元左右。

在兩派人馬鬥爭的時候，唯有持有比你多的股票，才可能打贏經營權大戰。如果這一場鬥爭將會發生，你又有機會提早介入，在還沒有開打的時候買進股票，等到敵對雙方搶進時，自然可以收漁翁之利，勝率當然高出許多。

< 本書建議 >

1. 重大訊息說明會是訓練觀察經營者微表情的好管道。
2. 微表情的判斷可以看到許多經營者沒有說出的內心話。

# 39 | 我不喜歡輸的感覺？

## 》一朝被蛇咬，10年怕草繩

Terrance Odean等教授在其《一朝被蛇咬，10年怕草繩》(Once Burned, Twice Shy)的研究論文中，指出投資者進行股票交易時，容易受到情緒的影響，像是先前的操作經驗會影響事後是否會再買同一檔股票的決定？

研究發現，假設投資人買了甲公司的股票，但發生了兩種情況：第一種情況是虧錢賣，更慘的是又發生第二種情況，也就是賣了之後就漲；此時投資人感覺會很傻眼、怨嘆，即便日後股價又過度下跌，不太會去買回甲公司的股票，因為曾經做出錯誤的賣出決定，產生悔恨感，人們會避免讓他們自己再次發生痛苦的購買經驗。

這一個研究的論點，如同電視霹靂火劇情中經典的台詞：「從小到大，我很不喜歡輸的感覺。」但對於投資者而言，輸的感覺會讓你產生躲避的消極表現，並不會學到從哪邊跌到就從哪邊站起來的精神。

反之，如果投資人買進乙公司的股票，後來股票價格上漲賣掉賺了錢，則可能會在股票再次下跌後，以更低的價格買進；因為賣在高點，等到來到價格低點時，會拍拍胸部覺得好險有賣，進而產生愉快的情緒，未來也更有可能繼續買進這檔股票。

只是這樣子的人性會讓自己錯失很多機會。例如宏達電(2498)在手機領域已經走到了死胡同，公司經營高層體認到這個事實，於是

轉而全力發展虛擬實境的技術，如果認為該公司的技術頂尖，產品也有競爭力，未來股價將有暴衝的表現，只是因為過去在宏達電上頭賠過很多錢，於是放棄了這一個重要的契機，那不是很可惜嗎？

本文並不是要表示宏達電在虛擬實境的發展會非常成功，只是要強調一點，當你自己知道自己的人性如此，就要避免人性會阻礙你找到有發展的股票。控制人性，忘記自己曾經與這檔股票的快樂或痛苦時光，重新整合所有客觀事實進行投資決策的分析。

## 》喜歡維持現狀的「現況偏誤」

經濟學家威廉・薩謬森與理查・札克豪瑟的研究中，發現了人們有「現況偏誤」的現象[149]。首先，他先對受測者提出一個情境，在繼承大筆遺產之後，可以在下列四個選項中進行投資，並發現下列實驗結果：

1. 乙公司股票：高風險高獲利→18%
2. 甲公司股票：中風險中獲利→32%
3. 地方公債：中間保守→32%
4. 國債：絕對保險→18%

研究的結果呈現鐘形曲線。但有趣的是，這個實驗又問受測者一個問題，如果原本被繼承人已經投資甲公司的股票，受測者會怎麼選擇呢？

原本受測者約32%選擇甲公司股票的方案，但是當告訴受測者原本被繼承人已經投資甲公司的股票，將近一半的受測者會願意維持

---

[149] 蓋瑞・貝斯基，《行為經濟學：誰說有錢人一定會理財》，第87-89頁。

現狀，繼續投資甲公司的股票。這個實驗發現大部分的人會選擇不要改變，尤其是有大量資訊掩蓋大腦的時候，大腦幾乎已經無法思考，而進入到「決策癱瘓」的狀況。

試想看看，大學排名前面的總是電機、機械系，但隨著時代的改變，這些科系還是一樣迷人嗎？林百里先生曾經在一場講座上，勸著台下的電機同學是否要轉系，因為IT產業是否還有榮景？

30年前、30年後，被學生熱愛的主要科系都沒有改變。就好像是老一輩喜歡的股票，到現在還是喜歡那幾檔股票，只要那一檔股票還在，像是中鋼、合庫金。這些決定或許也是「決策癱瘓」的影響，但1、2年也許不會改變，可是5、10年，甚至於更長的時間，一切的環境總會改變。

面對著一個不願意改變現狀的大腦，以及容易因為資訊洪流而癱瘓的大腦，使得自己傻傻地做，成為「窮忙族」的一員。我們不要一下班就看電視持續麻痺自己，也不要一直滑手機直到睡著，必須要認清這個事實，努力地爬起來改變自己，才有可能早日脫離荷包乾扁的循環。

## 》安全的覓食空間與熟悉的股票

名言佳句中，也有所謂的「今日不做，明日必後悔」。大家有沒有想過，人為什麼會後悔？人類會有安於現狀的特性，原因在於現狀往往最安全。國外有一些很難懂的學術名詞，像是「現況偏誤」就是其一。當你循往例要到荒野找食物，突然發現一個以前沒發現的黑色大洞，太暗了不敢往前，擔心有猛獸藏在裡面；但心中也會思考一種可能，穿了這個洞過去，說不定有滿地的蔬果可以享用[150]。也因此許

---

[150] 蓋瑞·貝斯基，《行為經濟學：誰說有錢人一定會理財》，第93頁。

多名言佳句,會希望大家今日勇於去挑戰,不要讓明天後悔。

從演化的觀點來看,讓我們假想自己在遠古的狩獵時代,有一個充滿食物,不必花費什麼工夫就可以獵捕到好吃動物的地方,人類為了「生存」,一定會常去那邊找食物,直到那邊的食物被消耗殆盡。因為那邊覓食簡單,除非最好覓食的地方沒有了食物,或者是愈來愈難找到食物,才會開始尋找新的覓食空間。否則,其他比較難以覓食的地方,為了生存,就會避免前往。

假設有一天,人類發現地球食物不夠100億人口食用,會不會勇於向外太空挑戰呢?如果是安於現況的角度,大概就繼續留在地球搶食、可能會發動戰爭,最後食物都被貪婪的人類吃光。因此,冒險就成為生存的必要因子。

其次,像是蠻族入侵也是逼迫自己改變現狀的方法。平日生活安穩的民族務農多年,無法抵禦殘暴的蠻族,想要生存的唯一方法就是「遷徙」。如果大腦的選擇只有安於現狀,那種族恐怕就會滅絕。因此,後悔的不舒服感代表一種懲罰,人類會為了逃避後悔的不舒服,選擇跳脫舒適圈,進行冒險的旅程。哥倫布發現新大陸,其背景是歐洲各國致力於經濟貿易競賽,如果不開發新的領地,那這些未知的大陸就會被隔壁國家擁有。所以當大家都準備揚帆出發,就沒有窩在舒適圈的權力。

從演化的觀點也可以說明人為什麼會投資曾經賺過錢的股票,但很多人再次投資的原因,並不是再次檢視股票本質的好壞,而是因為過去曾經低買高賣,現在又來到了低的價格,只看價格差異就買了,幻想能再次發生賺錢的情況,這樣子的想法與「守株待兔」並沒有太大的不同。

還有一種現象,很多人投資的標的都是熟悉的股票,像是中鋼、

台塑四寶、亞泥等傳統股票，並不是說傳統的股票不好，而是人習慣在熟悉穩定的環境中尋求獲利的機會。而問題就在於這些股票你熟悉，別人也很瞭解，當大家都在操作相同的股票時，就很難來到低價。

況且這一個世代的變化極為迅速，股票是講求抓對投資趨勢，才能有讓人滿意的獲利，而人的習性喜歡待在熟悉安穩的環境，對於不瞭解但有前景的股票就放棄研究，實在是非常可惜。如果還是待在過去，像是某些傳統百貨公司的股票，受到網路購物的影響頗大，或者是DVD租賃的股票，也遭到網路影片的圍剿，股價都然也難以獲利了。

## 》明牌與後悔

回到投資這個領域，大家也就應該可以理解一種投資市場常有的場景。為什麼別人報「明牌」，台積電股票50元以下隨便買，但我沒有聽朋友的意見購買該檔股票，結果真的漲到150元；或者是因為XX原因，朋友勸我把手中持有的宏達電股票賣掉，未來將會下跌，但我並沒有聽其建議，事後真的從500元下跌到50元。

你的內心是否會後悔呢？

如果事後真的如朋友所言，那必然會產生「後悔」的狀況，後悔會產生痛苦，下一次，為了讓自己不再有痛苦，就容易發生朋友提出意見，自己就會跟著做的盲從現象。

如果反過來，朋友又報了一次「明牌」，宏達電會從500元漲到1,300元，但我沒有聽朋友的意見購買該檔股票，結果沒有漲上去，反而暴跌；或者是因為XX原因，朋友勸我把手中持有的台積電股票在50元的時候賣掉，未來將會下跌，但我並沒有聽其建議，事後沒

有下跌，反而暴漲至150元。

你的內心是否會後悔呢？

當然不會，還會很高興自己的英明神武，學到下列幾件事情：

1. 以後不要聽別人亂報明牌，也不要亂聽別人的消息。

2. 即使對方是自己的朋友，也不可以相信。

3. 這位朋友的程度也沒想像中的好。

所以當你學習到一件事情：我到底要不要聽朋友的話？

第一次，沒聽朋友的話，沒有賺到。

第二次，沒聽朋友的話，沒有賠到。

兩個一樣的決定卻有好壞極端的結果，產生矛盾現象，雙重效應同時影響自己的大腦，大腦當遇到這樣子的衝突，就會再進一步地進行分析判斷。這時候野蠻人的大腦，將會隨著思慮的逐漸複雜化，而脫離出野蠻人的決定。

如果朋友的明牌不下單操作讓你很不舒服，沒關係，就去買個一張或零股，主要的目的是測試朋友的明牌準不準，但請注意一點，這種明牌是不講理由、不論分析的純明牌，久而久之，就知道明牌是一種沒什麼意義的投資。

## 》指數暴跌的心理準備

在市場裡面，如果遇到了暴跌的情況，很多人高興地說，早就叫你們賣了，如果早賣了，不就沒有帳損嗎？這樣子進行價差操作，也沒有對或錯，可以加速累積資產的速度。所以常常會在股市暴跌的時候，很多朋友會問我有沒有賣掉手中的股票呢？

沒有。除了原本設定是短線操作練功力的股票，占大約三成的比例外，其餘持有的股票裡面，幾乎90%的股票都沒有動。

那麼，帳損是否嚴重？

帳損當然可能會很嚴重，但這必須是我要面對的帳損。因為以前不喜歡帳損，總是喜歡衝進衝出，可是要抓到衝進衝出的點，很難。而且有一點很奇妙的是如同前面所提到的，賣掉後吃了大虧，以後很難買回來，人性如此。所以，我這幾年都設定，未來不管行情如何，只要股票本質沒有太大變化，我是不買賣的，別人要的是價差，而我著眼於股息。

舉我的「慘狀」可能大家還不是很懂。來舉郭台銘先生為例吧！104年，台股衝到萬點，但是到了同年第四季，郭台銘雖然股息股息領了71億元，但是股價暴跌的結果，讓身價蒸發268億元，這樣子算是賺還是賠呢？

如果是一般投資者，可能會想如果股價高點賣掉股票，放棄股息71億元，等到低點再買回來，這樣子可以避免帳面減少的268億元，撇開其他法律的限制，單純從價格與股息看股票操作，散戶會考慮棄息賣股票，但是郭台銘先生應該不會這麼做，很多高階投資者也不會這麼做，這就是差異點所在。

關心的是價差，屬於投機的概念。

關心的是股息，屬於投資的概念。

在此所談論的「投機」二字並非負面的名詞，透過適度的投機價差操作，可以更快速地累積資產，但這個價差操作，一定要有標準，不是漲了就賣，跌了就買，而是要預設一定的區間。

如同1637年發生在荷蘭的鬱金香事件，當時由鄂圖曼土耳其引進的鬱金香球根吸引大眾搶購，導致價格瘋狂飆高，甚至一個鬱金香球根的價值等同於一間小房子的；但是當2月要把鬱金香球根種下去時，大家開始質疑這些球根有這種價值嗎？快速除泡沫化的過程，最

後價格僅剩下高峰時期的1%。換言之，當價格異常飆漲，遠遠超過其價值時，適度賣出出場是必要的投資行為。

若是買入賣出的區間沒有到，就是持有，享受股息這件事情，就像是買了一頭牛，每天都可以喝牛奶，但是牛的價格是多少並不重要。投資者持有的過程中，只要關心一件事情，這檔股票是否值得當初繼續持有的標準。

< 本 書 建 議 >

1. 在哪裡跌到，不要害怕再去同一地點，只要更加小心即可，否則這樣子的人性會讓你失去很多投資的機會。
2. 世代的變化極為迅速，股票是講求抓對投資趨勢，才能有讓人滿意的獲利；除了自己熟悉領域的股票，偶爾也要抓緊新趨勢的股票。
3. 股價本質沒有變化時，堅持買入賣出的區間價格，享受股息的穩定收入。

# 40 為什麼投資者喜歡吵架？

## 》不管你說什麼，我都要吐槽

常常在許多臉書社團中看到「首PO，勿內射」。這句話的意思是說，我第一次在社團PO文，有很多規矩如果不清楚而有失禮的地方，請原諒，不要攻擊。因為只要有人在龐大的社團貼文，在彼此不認識的環境下，容易互相攻擊，理財投資性的社團也不例外。

理財投資性社團除了攻擊外，甚至於還會互相打官司告來告去，搞得雞毛鴨血，即使是法律人跳進投資理財界的筆者，還是不太習慣。有一位理財界的大師，也因為厭煩於財經界的內鬥，回到家中照顧老父老母，重拾家庭的溫暖，頂多上網分享資訊，或者是開一些短期課程傳承知識與經驗，不再與人爭奪短期利潤。

財經界可能都是銅臭味吧！為了生存，對於眼前的一塊肉，一群野獸為了吃下肚，與眾多野獸搶食。金融投資界都是為了賺錢，而且是可觀的大錢，廝殺是難免，與法律人的世界有所不同。因為法律人彼此都知道打官司很累，所以即便持有法律這個尚方寶劍，但大多禮尚往來，即使還是有許多派系，但至少會保持表面上的和諧。

理財界最常發生的一個狀況，就是我學的一定是對的，你講的一定是錯的。例如向來有技術分析派與價值分析派之爭，雖然我覺得這種爭鬥是很無聊的，各種流派絕對無法成為頂尖，各種知識的整合才能更正確地進行投資。

話雖如此，但當別人發言的論點與我不同時，無論其論點有沒有

根據，一定會有人認為是錯的，內斂的人不相理會，看不下去的人婉轉發表，衝一點的人就直接吐槽，讓雙方一觸即發。我在許多社團中闖蕩多年，自己也常常會有這種感覺，很想要吐別人槽的衝動，尤其是別人講的情況沒有出現，一點都不準的時候，甚至是害人慘賠之際，就很想要把對方打到滿地找牙的感覺，這種長期潛伏在我內心的感覺讓我很困擾，也因此找出喜歡吐槽他人的原因對我個人而言是很重要的事情。

## 》我比你會開車

有一次在書中看到了「中上效應」（Above Average Effect）理論，大多數的人都會放大自己的優點，認為自己的正面特質優於平均水平，也就是說主觀上會認為自己很優秀，與客觀上別人觀察的結果有所落差。

舉個例子，你是否覺得自己開車比較安全、技術比較好？瑞典斯德哥爾摩大學心理學系Ola Svenson教授所做的研究顯示，美國人自我感覺良好，一半以上的受測者認為是前20%安全的駕駛人，瑞典人也感覺蠻好的，一半以上的受測者認為自己是前30%安全的駕駛人；美國與瑞典分別有88%、77%的人認為是前50%安全的駕駛人。此實驗也針對技術水平的認知進行調查，美國受測者中46.3%認為自己屬於技術熟練的前20%，瑞典受測者則只有15.5%；美國與瑞典分別有93%、69%的人認為是前50%技術良好的駕駛人[151]。

這個實驗讓我想起了過去看別人開車，尤其是女性開車的時候，總是很擔心會不會撞車，稍微有一點危險，就一直提醒駕駛「快要

---

[151] Are We All Less Risky And More Skillful Than Our Fellow Drivers? http://heatherlench.com/wp-content/uploads/2008/07/svenson.pdf。

撞到了，小心！」到最後實在是緊張到不行，只好說「換我來開好了」。但真的換自己來開，似乎也沒有比朋友開的情況好到哪裡，說不定險象環生的情況更為嚴重。

1977年間，有一篇針對內布拉斯加州大學教授所做的研究，發現高達94%的老師認為自己的研究在平均水準之上[152]。這種研究也凸顯出「中上效應」（Above Average Effect）的存在，但也有可能是「平均」（average）這個詞比較模糊而遭到誤解，受測者本來是想要表示自己應該評價有50分，而不是指贏超過50%的其他教授[153]。

醫生也是一樣。有研究顯示，診斷病患罹患肺炎的醫生，88%有高度的自信，但實際上卻僅有20%的正確率[154]。許許多多的實驗都有類似的論點，因此有論者認為人們應該要好好地思考一下對自己的認知是否正確，並且調整對自我的瞭解與預測[155]。

## 》過度自信

布萊德・鮑伯與泰倫斯・歐狄恩教授在其《交易有害於你的財富》（Trading Is Hazardous to Your Wealth）一文中提到：過度自信是造成交易次數過多的原因，在交易頻繁的狀況下，投資表現也會變差。換言之，誰交易愈多，傷害愈大（Those who trade the

---

[152] Cross, "Not Can But Will College Teaching Be Improved," 1977. 原始閱讀：曼羅迪諾，《潛意識正在控制你的行為》，第270頁。

[153] Are You as Good a Teacher as You Think？，http://www.nea.org/assets/img/PubThoughtAndAction/TAA_06_02.pdf。

[154] Physicians' use of probabilistic information in a real clinical setting.，轉引自 Flawed Self-Assessment，http://faculty-gsb.stanford.edu/heath/documents/PSPI%20-%20Biased%20Self%20Views.pdf。

[155] Flawed Self-Assessment，http://faculty-gsb.stanford.edu/heath/documents/PSPI%20-%20Biased%20Self%20Views.pdf。

most are hurt the most） [156]。

該論文分析66,465個折扣經紀商之客戶[157]，數據從1991年1月至1996年12月，發現獲利情況相當差，每年大約比加權市場指數低了1.1%，比具有較高風險的小型價值型股票，表現還要差3.7%，原因可能與高交易成本有關係。

最戲劇性的部分在於交易最為頻繁的20%，這些客戶每年超過兩次改變投資組合，稅前收益是不顯著的。淨收益比股票市場每年還要少5.5%；比具有較高風險的小型價值型股票，表現還要差10.3%。

個人投資者的投資經驗與共同基金很顯著地相似，共同基金的平均表顯差於市場指數。但是個人投資操作更有害於操作績效表現，主要原因是小額操作且佣金成本較高。這一篇論文的觀點很簡單，交易有害於財富。

為何交易者交易如此頻繁？本文分析的個人投資組合，週轉成交量是70%，平均成交量是75%。紐約股市交易報告顯示，在本研究樣本期間，每年股市營業額大約是50%左右，共同基金平均年營業額的77%。這些高頻率的交易，以簡單的行為偏見做出至少部分的解釋：人是自信，自信導致太多的交易。

在納入投資者過度自信的行為金融模型，提出的預測顯示：積極的投資策略表現，不會優於被動投資策略。被動策略中，可採行簡單買入並持有多樣化的投資組合。過度自信者會過度高估他們的私人訊

---

[156] Trading Is Hazardous to Your Wealth: The Common Stock Investment Performance of Individual Investors，http://faculty.haas.berkeley.edu/odean/papers%20current%20versions/individual_investor_performance_final.pdf。

[157] 折扣經紀商是指以最低佣金標準來為投資者執行股票等證券的買賣服務的證券經紀公司，多數不提供研究咨詢等其他服務。

息，導致過於主動性交易，結果只能賺到低於平均的收益。總之，交易愈多者，傷害愈多。

這一篇文章的論點，我們可以簡化為這樣子的流程：

## 過度自信→交易頻繁→績效不佳

過度自信是哪裡來的呢？

很多網路上的朋友總會預測明天個股或大盤的走勢，準的時候沾沾自喜，一直講：「我早就告訴各位了，如果大家聽我的話，早就賺了一大筆……」但是如果遇到不準的時候，當然會受到各方酸言酸語的攻擊，批評他亂講話，應該要注意××、○○等因素，連這些都沒有注意到，還以為自己很厲害。

被批評者會反省自己嗎？

恐怕並不會，被批評者會將自己不準的原因，推給××、○○等因素，並不是自己不準，而是因為這些××、○○等因素的出現才會導致自己不準。這一個現象在心理學家蘭格（Eileen Langer）所發表的文章「正面是我贏，背面是我衰」（Heads I win, tails it's chance.）中提出了驗證，其認為：當事情的發展能證明自己正確的時候，就會歸功於自己出眾的能力；但是如果發現自己是錯的時候，那就是一些無法控制的客觀環境因素所導致的結果[158]。

很多人以為自己是經過龐大資料分析後所做出來的投資決策，賺了就是自己的厲害，卻忘記還是有一定的運氣因子存在，畢竟投資市場是多變化的，目前還沒能看到完全掌握住市場走向的高手出現。換言之，不管如何，尊重市場的走向是投資的基本精神，並別讓短暫的

---

[158] 蓋瑞‧貝斯基等，《誰說有錢人一定會理財》。

成功使自己產生了過度的自信。

---

〈(本)(書)(建)(議)〉

1. 每個人都誤信自己是高手,更謙虛地面對與尊重投資市場。

2. 遠離市場,不要過度自信。

3. 長線來看,好股票不會因為頻繁操作而賺更多,反而會賺得更少。

# 41 | 羊群行為 (Herd Behavior)

## 》站在後方的賭客

在許多電影情節中，都有男主角手氣正好，一把一把地贏，贏錢的氣氛吸引許多圍觀的賭客，氣氛愈來愈熱烈的場景。知名的電影「大賣空」劇情描述2008年金融海嘯發生原因，劇中專有名詞相當多，合成CDO是其中一項金融產品，片中也邀請行為經濟學家查賽勒以賭場為例，當某一位賭客A一直贏，已經贏到大家忘記有輸的可能，所以很多人在賭客後方下賭注，押注這位賭客會繼續贏，如B賭A會贏，C賭B會贏，D賭A＋B會贏，A＋D會贏，就這樣子發展下去。

到最後，實質上雖然只是一場賭局，但是後面一堆人跟著賭不同包裝的賭局，到最後可能連賭的內容是什麼已經搞不清楚，大家的生死存亡都要靠這一場賭局的勝利。只是好景不常，這位賭客終於輸了，而後面所有賭客因為都賭他贏，所以全部都倒了。

贏贏贏贏贏贏贏贏贏，贏到你覺得不可能再贏，結果還是繼續贏，那時候許多人會改變想法，認為下一步會贏下去。賭場也常見這種圍觀的景象，許多人圍觀在贏了不可思議次數的賭客後方，想要參與這種熱絡的氣氛。當前一位賭客連贏一大把之後，後方群聚就會認為這種不可能的運氣會降臨在自己的身上，然後回到賭桌，複製剛剛那一位賭客的技法，希望成為下一位勝利者。

對於賭場而言，並不怕這種熱絡的氣氛，從機率來說，難免會有異常情況，而賭場本來就必須要面對這種極少數賺走賭場錢的狀況，

但無論如何，從「均值回歸」的觀念，這種現象都是偶然的，到最後還是會回到正常的贏賠的機率。長期來看，賭場需要更大的交易量，只要有炒熱氣氛，賭場就會賺錢。

賭場害怕的是真正的高手，像是改編真實故事的電影「決勝21點」中，麻省理工學院的學生坎貝爾為籌措學費，而加入數學教授米基羅沙的算牌團隊，該團隊靠著數學機率與團隊絕佳默契，每週末勇闖拉斯維加斯賭城，贏遍各大賭場，賺進大把鈔票。

## 》情不自禁的報數

有一次在網路上看到一段影片，電視節目在電梯中安排5位臨時演員，全部背對著門，與正常情況會向著門有所不同，一種詭異的氣氛，等待其他民眾進入電梯，觀察他們的反應[159]。

第一位是小姐，看到此一陣式，嚇到就跑了。

第二位是一位大媽，走了進來，後來也一起背對著門。此時，5位臨時演員，開始報數，一二三四五，大媽也跟著報了六。

第三位是年輕男子——眼鏡哥，不只一起背對著門，也跟著報了數，六；除此之外，這位眼鏡哥面對的難度更高，包括輪流蹲下的蘿蔔蹲，而眼鏡哥當然也蹲了；接著又來個更高難度的狀況，五位臨時演員依序唸出李白的「靜夜思」，床前、明月光、疑似、地上霜、舉頭望明月，配合的眼鏡哥扭捏地點了點頭，講出了「低頭思故鄉」。

沒想到電梯還沒有到達目的地，又開始背九九乘法表，五五二十五、六六三十六、七七四十九、八八六十四、九九八十一，糟糕，九九乘法表已經背完了，沒想到，眼鏡哥大概也玩上癮了，居然說出了十十得一百。

---

[159] https://www.facebook.com/mjib007/videos/10153285839867966/。

好不容易電梯終於到站了，電視節目採訪了眼鏡哥，眼鏡哥描述了當時的心境，表示當時的氛圍有點讓人緊張，然後大家報數時，他「情不自禁」地就說了個六。就跟馴服野馬一樣，當開始聽話了之後，以後就會很順了，所以眼鏡哥後續也跟著做出很多的動作。

人類在演化過程中，很重視合群、團隊合作，因為在野蠻的世界中，可以共同抵禦其他族人、野獸的攻擊，藉此提高存活機率，這即為「從眾效應」，亦稱為「羊群效應」。更重要的一件事情，當你一開始跟隨的時候，大腦中思慮是否要跟進的阻力，如同物理學的觀念，從較大的靜摩擦力降低成為較低的動摩擦力。

## 》搶頭香的羊群效應

中國新疆吐魯番風景區，由於地形景色特殊，被認為很像是西遊記內的火焰山，當地也特別設立了一尊大型銅像「鐵扇公主」，由於外傳可以帶來桃花運，大家都希望摸一摸這個銅像，希望能帶來一些桃花運，但不知為何大家都一直摸鐵扇公主的胸部，而且銅像外層電鍍的塗料，常常都被磨個精光，每隔一年就要補漆一次。

許多宗教的民俗活動也是如此，例如許多廟宇都有在新春搶頭香的習俗，時間還沒有到大門是緊閉的，許多人在門外早就已經等待多時，等到門一開，信眾拼了命的往前衝，期待能夠搶到第一柱香，讓來年獲得天上神明的眷顧，運勢更旺。

彰化南瑤宮自不免俗地搶頭香活動，每年都吸引眾多民眾參加，2011年，只見門一開，大家紛紛地往前衝，但忽然從金爐旁邊站起一位身穿交通指揮服的男子，由於就在金爐旁邊，占盡地利之便，無論門口的民眾衝得多快，他高舉香往下一插，頭香，這時其他民眾才傻眼地插下手中的香。

　　但是，大家並沒有去追蹤這些搶頭香的人，整年是否因此而旺旺旺，反正大家都這麼做，跟著做應該也會帶來好的運勢，這就是很明顯的從眾效應。當大家不太清楚未來的趨勢與可能發生的結果，跟隨著眾人的腳步，似乎是最安全。

　　人類歷史歷經千萬年的演化，從眾效應已經是我們大腦神經的「預設程式」，人多的地方會讓自己充滿安全感，一種莫名奇妙的興奮感油然升起。只是這種人類預設程式的優點，由於具有可預測性，卻可能為他人所利用，而成為遭到重大損失的因素。

　　植入記憶，在電影「全面啟動」的劇情中，為了打擊另一企業，於是派了一批記憶專家進入該企業繼承人的潛意識中，改變其內心的想法，使得不再是己方企業的競爭者。現實情況中還不知道是否能夠如此，但在潛意識中的許多預設程式，卻可以成為我們利用的關鍵。Discovery有拍攝過一部「看穿讀心術」的影片，Keith Barry只需要透過你身體表露出的語言線索，就能看穿心思，或者是與大腦的潛意識溝通，讓素描師畫出他想要的人。

## 》金融市場的羊群效應

　　羊群效應的概念，也與從眾效應一樣。有一群羊一起向前行進，在路上有一根木棍，領頭羊會一躍而過，而後面的羊也會跟著跳過。即使將木棍移開，後面的羊還是會跟著跳躍，這就是所謂的羊群效應，也稱之為從眾效應。

　　金融市場中的羊群行為是一種特殊的非理性行為，它是指投資者在信息環境不確定的情況下，行為受到其他投資者的影響，模仿他人決策，或者過度依賴於輿論（即市場中的壓倒多數的觀念），而不考慮自己所獲得訊息。由於羊群行為涉及多個投資主體的相關性行為，對

於市場的穩定性和效率有很大影響，也和金融危機有密切的關係。因此，羊群行為引起了學術界和政府監管部門的廣泛關注。

所以，當你在Facebook股票社團中聽到別人報股票的明牌，結果很多人表達高度興趣的時候，你可能也會考慮買進，完全以報明牌者的資訊為依歸，尤其是報明牌者準了一兩次之後，一直在網路上大吹大擂，自己開始後悔怎麼沒有乖乖跟著操作而失去賺錢的機會，下一次就會想要跟單，這就是屬於盲目不理性的行為。

當然這還牽扯到「專家效應」，因為自己並非投資專家，如同搭乘鐵達尼號而落海，有一塊浮木就抱緊，這一塊浮木如同報明牌的人，而且在財經界有響亮的名號，當你聽到這類專家描述特定股票時，大腦就會停止運作，不再思考。

跟著別人買，是否屬於安全的投資行為？

有許多羊群效應的研究指出，在資訊不對稱的證券市場，跟隨著大多數人買賣股票，可以避免因為資訊缺失而造成的超額損失。如同前面羊群跟著跳躍，以避開棍子的動作，可以確保他們不受到傷害。因此，此說認為大多數投資者是資訊缺乏的一方，選擇從眾至少不會輸太慘[160]。

實際上不管你如何努力研究分析，「千線萬線還不如內線一條」，常常看到有股票在董事會決議買回庫藏股，股票莫名其妙有大單敲進，當大家還搞不清楚狀況，正憂愁股票跌了好一陣子，隔天重大訊息公布董事會決議買回庫藏股，才驚覺是否有人內線交易呢？

暫且撇開內線交易的違法性，羊群效應必須要跟對人，譬如說某位大師的分析方法獲得你的認同，只是你的時間比較不足，無法用相

---

[160] 張振翔，《投資績效與適應性市場假說——台灣股票市場的實證分》，中山大學碩士論文，第15頁。

同的方法進行大量分析,如此一來,看到大師推薦的股票,心理頭可以瞭解其推薦的理由,再經由自己第二階段的分析,此種理性型的羊群行為是值得肯定。

有些羊群效應卻是不值得跟隨。像是擦鞋童指數,當市場上連幫你擦鞋的朋友,都能朗朗上口股票的優劣,沾沾自喜賺了多少投資財富,尤其是強調聽到某某人的內線消息,某某人平常超級準,之前因為某某人報牌賺了多少錢,這位某某人是大師平常不太講消息,擦完鞋之後就要立即把股票拋售,因為股市高點應該不遠了。

國內有關於「擦鞋童指數」,可以參考台灣證券交易所(以下簡稱證交所)所公布的「市場交易月報」,其中的「證券市場統計概要與市場總市值、投資報酬率、本益比、殖利率一覽表」,裡面有「投資人累計開戶數(開戶人數)」以及「有交易戶數(人數)」這兩項 可以拿來當作判定市場是否過熱的指標。

擦鞋童指數可能與大盤漲跌未必有正相關或負相關。其他與投資人關聯性較大的指標,像是VIX指數(芝加哥選擇權交易所波動率指數、Chicago Board Options Exchange Volatility Index),用以反映S&P 500指數期貨的波動程度,也稱之為「恐慌指數」[161]。

通常可以訂定15～40的區間,如果超過40,代表非理性恐慌,在實際股票市場中,也可能呈現出暴跌的情況,有可能面臨反彈的趨勢;如果低於15,則代表非理性樂觀,有可能面臨股市反轉的情況。恐慌指數與大盤指數都有著正相關的走勢,也就是大盤愈差,情緒指續就會往負的方向走,大盤表現愈佳,投資大眾充滿期待感,情緒指數也會呈現正值。

這些都是事情發生後的人類情緒反應,如果數字顯現較為極端,

---

[161] VIX指數,http://www.cboe.com/VIX。

可能代表投資者發生過度反應。

## 極端→人類過度反應

當然，許多指標可以得知大盤、個股是否有過度反應的現象，像是巴菲特指數、KD值等，其中巴菲特指數算是個人較為推薦的指標：

## 巴菲特指標（**GNP**版本）： 上市公司總市值 / 國民生產毛額（**GNP**）

GNP，是指一國國內人民（本國與外國）在一段特定時間內，所生產的所有勞務及最終商品的總市場價值。我們同樣可以從國民所得的增減，去看出景氣的好壞。但是要提醒一點，由於聯合國國民經濟會計制度（System of National Accounts，簡稱SNA）為更清楚表達用詞之經濟內涵，已將原國民生產毛額（GNP）改稱為國民所得毛額（GNI），為利國際比較，行政院主計總處遂於2014年11月發布國民所得統計時，同步進行名詞修訂。

## 》跟著系統操作比較安全嗎？

人會耍詐，如果聽從電腦系統的推薦而進行下單，是否比較安全呢？

首先，當系統過濾出甚至建議一些股票的時候，你必須知道該系統是如何設計，例如有些是殖利率超過8%，就會推薦你是長期持有的存股標的。但這樣子還是很危險？

讓我們自己來操作一次，從台灣證券交易所網站可以下載每日所有上市股票的本益比、殖利率、股價淨值比的資料。例如2016年1月22日所下載的資料分析，殖利率超過20%的股票有下列幾檔：

| 證券代號 | 證券名稱 | 殖利率（%） | 股價淨值比 | 本益比 |
|---|---|---|---|---|
| 4930 | 燦星網 | 29.63 | 0.39 | 2.44 |
| 6177 | 達麗 | 27.68 | 1.13 | 11.3 |
| 6431 | F-光麗 | 27.59 | 0.38 | - |
| 2331 | 精英 | 27.25 | 0.7 | 7.43 |
| 3312 | 弘憶股 | 23.61 | 0.44 | - |
| 2542 | 興富發 | 23.49 | 1.17 | 9.37 |
| 2545 | 皇翔 | 20.25 | 0.67 | 10.73 |

▲表8-2

　　其中有兩檔是營建股，皇翔（2545）在2015年配息現金4元（2014年獲利），除息日2015年7月29日（三），該週週五股價僅剩下29.9元，1月22日股價跌到只剩下19.75元。跌這麼低的原因，主要是2015年第二季之後的獲利開始變差，甚至於都是負數。讓我們來看一下殖利率的公式為何？

$$殖利率 = \frac{每股股利}{收盤價} \times 100\%$$

　　股息是2014年賺錢的狀況，2015年才領到股息，但是2015～2016年營收獲利狀況很糟糕，股價下跌，也就是分母（收盤價）變小，分子（每股股利）不變，很容易讓人產生錯覺，認為殖利率這麼高，怎麼還不去買呢？所以，這樣子的資料很危險，如果真的要算殖利率的話，要用2015年的每股盈餘（EPS）去推估可能的股利，而非2014年的股利。以下每股股利以每股盈餘×0.7來計算：

$$殖利率 = \frac{0.36 \times 0.7}{19.75} \times 100\% = 1.28\%$$

0.36為預估（本書完成時，2015年每股盈餘為0.28）

收盤價為2016年1月22日

很多年前，市場上曾有系統顯示信義（9940）的價格跌破系統所設定的便宜價，這時候就要進場了嗎？千萬不要這麼急躁，系統有其限制性，如果你依賴此一系統進行操作，當符合系統設定條件的股票出現時，還是要進行第二階段過濾。當時，筆者發現2013年信義（9940）配息中，現金股利2.6元、股票股利2.2元，使得股價在除權息後不但跌破50元，更跌到40元（2014年7月除權除息之股票價格）。這時候要判斷能否填權填息，由於股票股利高達2.2元，未來房地產是不看好的情況下，未來的獲利難以提升。

讓我們再看一下EPS的公式：

$$EPS = \frac{公司賺的錢}{股本}$$

公司賺的錢預期降低，代表分子變小，而股票股利分配過高，股本變大，代表分母變大，未來的EPS將會很不好看，股價恐怕會持續下滑，時至2016年12月，信義（9940）的股票股價一直在30元上下打轉。

綜上，即使是使用系統來評估買進的時間點，也必須要瞭解系統的計算依據，當看到系統推薦的股票，這只能當作第一階段篩選。接著，還是要用自己的投資專業知識，再次進行第二階段的篩選，才能夠安全投資，不會誤信系統而導致不必要的虧損。

< 本 書 建 議 >

1. 高手默默地賺錢；大聲嚷嚷賺錢的人，大多是靠機運得來的。
2. 羊群效應是人類的天性，許多商人會利用這個習性來賺取你的錢財。
3. 羊群效應會讓投資市場產生不正常的過熱現象。
4. 瞭解系統是如何推薦股票，有興趣的股票還要進行第二階段過濾。

# 42 | 比價效應

## 》耳熟能詳的比價效應

大陸的股票漲翻天，一樣等級的股票，本益比可能上百倍，但是台灣的股票本益比有個20倍就不錯了。當國界逐漸淡化，很多股價將會互相比較，太貴的將會降低，太便宜的將會拉高。台灣的股價被壓抑得太便宜了，所以成為許多中資併購的對象，像是紫光要併購聯發科、矽品等，都是知名的案例。

阿里巴巴在美國風光上市，也讓許多沒沒無聞的大陸電商股票，在比價效應下，轉瞬間成為目光的焦點，比價順勢產生價格的成長，都使得充滿電商業者的大陸，股市熱絡了起來。

這也有點兒像是虹吸原理，利用大氣壓力差，讓壓力大的水流向壓力低的水，也很像是水往低處流的道理。人們對於股票價格的嗅覺非常敏感，會進行比較，例如統一超如果100元，全家只有30元，就很容易讓人覺得全家的股票比較便宜。

除了價格比較之外，投資者要做更多深層內容的比較，例如各位如果連上台灣股市資訊網（http://goodinfo.tw），左側選項中有一個功能「財報比較」，可以選擇多家公司併列各種財務報表，進行橫向比較。如此一來，不會只有簡單的橫向價格比較，還有更深入的實質內容比較。

## 》框架效應的深層影響

德國福斯的Sharan車款與福特汽車的Galaxy車款，都是同一家工廠生產，可是福斯品牌就硬生生貴了2,000歐元。內容一樣，只是因為品牌不同就有了不同的價格，學術理論上稱為「框架效應」（Framing Effect）。有錢人不太買便宜的東西，很容易就選擇了福斯汽車，而不會購買福特，多出來的價格就是買到了「感覺」。

再舉個例子，日本天皇御用的「日本新潟魚沼越光米」1公斤也要250元，台灣也有越光米，1公斤要價150元，其餘一般米價格低許多，高品質的大約只要75元以下，但這些是內容不太一樣的米。如果以日本越光米來說，1公斤大約可以煮10碗飯，每1碗的成本是25元，但是同樣的飯如果在文華酒店販賣，可能會高達150元，價格落差125元，除了包括人事成本費用等開銷外，加上了一種「感覺」才是價格狂飆的主因。換言之，我們可以列出下列比較：

1碗越光米白飯 ＝ 25元
1碗越光米白飯 ＋ 文華酒店的感覺 ＝ 150元

或許大家還不太能理解上述解釋的意涵，請大家看一下底下這兩張圖片，看看中間的顏色是否相同？

▲圖8-5

乍看之下，右邊中間的小方塊，似乎比左邊的顏色還深。但是請把框框都遮起來，你會發現兩個小方塊的顏色都一樣。因為左邊是深黑色的背景，會讓中間的小方塊看起來比較淺；而右邊外圍則是淺灰色的背景，則會讓中間的小方塊看起來比較深。

簡單來說，中間兩個小框框的顏色本來是一樣，但是會產生深淺不同的感受，主要是出自於外面大框框顏色深度的影響。顏色深，感覺比較淺；顏色淺，感覺比較深。所以即使是一樣的事實，只要讓民眾思考此一事實時，是套上框架在分析，就可以改變對於事實的價值判斷。

很有趣，對不對？

人類看待事物，很懶得細部分析本質，因為這是很消耗腦力的事情，大腦會儘量避免，所以會選擇用「比較」的方式。換言之，對於A和B兩件事物該如何比較好壞呢？並不是細部計算A和B的分數，因為假設A是95分，B是90分，要計算出這兩個數字，可能要花費大量的腦力。因此，大腦選擇只要比較一下A和B差5分，知道兩者相差多少即可，至於實質上差別多少則不是重點。

有一次我到建中法律社團演講，主題是「從大腦的秘密談法律的思考模式」，提到了框架效應是法律人認定事實、適用法律，律師為了讓當事人被宣判無罪，會將一樣的事實用不同的說詞來呈現，如同拙著《圖解魅力學》一書中提到，「我想和你一起睡覺」是色狼，但是如果改成「我想和你一起起床」就是浪漫的表現了。

一樣的事實，不同的呈現方式，會讓人有不同的感覺。反之，法官的工作則是剝除事實外部的框架後，才能進行中性分析中間小框框的事實。

## 》不要只是懶惰地比較

股票投資也是一樣，很多人喜歡使用「歷史價格比較法」，以過去5～10年的區間，列出價格的上下平均區間，跌破就可以買進，突破上緣就可以賣出，這也是標準的橫向比較。身為投資者，還是要理解為何會突破或跌破上下緣的價格，例如2016年間的金融股，因為TRF金融商品的潛在性損失、未來房地產景氣不佳，以及為了達到資本適足率就採取不斷地增資的策略，會影響到金融股的每股盈餘EPS。

先來看一下EPS的公式：

$$EPS = \frac{公司賺的錢}{股本}$$

如果就未來1、2年內的EPS來看，分子（公司賺的錢）的部分，會因為TRF潛在性損失、房地產景氣不佳所造成的貸款違約、逾放比提高，甚至於若是發生國際股災，造成許多投資上的虧損，使得分子變小。資本適足率的部分，則是增加自有資本淨額，並且降低風險性資產總額，這也是近年來金融股不斷增資的理由，而會一直到2018年為止。

分子變小、分母變大，在這一段期間之內，投資金融股的風險就會變大。因此除了從歷史價格來做判斷之外，還可以更深入瞭解為何不斷破底的原因，如果還沒有投資者，建議可以晚一點再切入，則可以將一樣的資金做更大效益的投資。

< (本)(書)(建)(議) >

1. 人習慣於橫向比較，卻怠忽縱向的深層分析。

2. 小心被別人在你的思想上套上框架：一樣的事實，不同的呈現
   方式，會讓人有不同的感覺。

3. 與你不同的思考點，不要先求反駁，而是要先想想自己是否有
   錯。

## 》本土化數據的分析

本來這本書的原始設定是「理財國中部」，主要是想要藉由法律架構來分析投資的必然趨勢。然而，在閱讀安東尼‧阿特金森《扭轉貧富不均》這本書之後，開始著手撰寫貧富不均的階級鬥爭，以及人口結構的世代對立問題，原本設定是10萬字分配20%的文字量，但是在撰寫的過程中，卻益發地不可收拾。

閱讀許多國外金融領域的經典書籍，像是《二十一世紀資本論》、《2014～2019經濟大懸崖》、《扭轉貧富不均》等，各國的經濟學大師均點出了現在與未來世代的問題，急於透過文字告訴眾人世界金融的問題所在；回歸台灣出版市場，卻發現出版業者忙於翻譯許多海外書籍，針對國內本土的經濟現況有所論述的著作卻是鳳毛麟角、散見各地欠缺體系。

如果套用國外經濟問題解析的資料，恐怕會發生水土不服的現象，例如麻省理工學院大衛‧奧特教授提出的一項解決之道：鼓勵更多年輕人接受高等教育，以及改善12年基本教育制度，讓年輕人能領取高階的薪資；但是台灣實施高等教育普遍化多年早已過頭，目前反而希望走回頭路，希望年輕人參與技職教育，早日進入職場奉獻。換言之，現在世界各國解決問題的機制，這些國外知名教授的論點是否能夠直接套用到國內，就成為一個必須深度思考的議題。

於是我將這些經典書籍的研究重點，帶入國內的經濟數據，探討專屬於台灣的現在與未來的趨勢，從人口結構出發，輔以區域經濟的發展趨勢，透過數據來說出我們這一片土地的故事，包括薪資兩極化、低薪、不動產投資、退休等議題，替各位畫出初步的輪廓，希望找出問題癥結。未來，希望能有更多人士能指出台灣未來的方向，帶領人們走出台灣的困境。

## 》世代對立、階級鬥爭

未來台灣的圖像是「世代對立」、「階級鬥爭」。少子化、高齡化的發展，讓不必繳稅的老人增加，但真正繳稅的人卻快速變少，使得少數年輕人要養活大量的老年人，世代對立於焉而生；而階級鬥爭主要是講述薪資兩極化發展，有錢人愈來愈有錢，更多的中產階級往貧窮移動。

對於這樣子的趨勢，倒也不是沒有藥方，只是在各方利益團體角力之下，能不能讓這一塊土地的絕大多數人願意按時吃藥就是很大的問題，結果可能是等同於沒有藥方，所以我常常很悲觀地勸很多朋友，如果台灣老百姓不懂什麼是覺醒，「隨人顧性命」將是我們不得已的選擇。

即便如此，本書還是會建議在此趨勢下該如何活得更好，例如30歲的台灣年輕人在35年後退休，即便口袋有錢，可能發生類似日本老年人獨居無人照顧的窘狀，也建議應該及早規劃老年退休生活，因為想要靠國家、靠下一代，會發現到時候沒有人可以依賴。

## 》投資才能脫離貧窮

什麼時候貧富不均的情況最輕微？發生世界大戰的時候。

只要是太平盛世，有錢人的資產會快速增加，大多數的人類都無法解決問題，因為自私自利向來是大多數人的特徵，即便有少數人力阻這一個趨勢，但仍舊是螳臂擋車，除非再來場革命，否則貧富差距的趨勢會愈來愈嚴重。

此外，低薪的議題纏繞著我們，有很多因素並不是我們所能解決的問題，像是企業移往海外生產、雇主不願意分配利潤給員工，以及

因為政治議題使得台灣無法加入國際組織，使得關稅無法降低而降低競爭力，對於小市民而言都是充滿著無力的感覺。

我們只是沙漠中的一粒沙子，當然強化自己的能力讓自己領取高薪是第一步，透過累積的本金要進行投資，讓資產滾出資產，慢慢地降低勞動力為主要收入來源的比例，以有錢人的模式來經營自己，才能慢慢地離開貧窮階級的循環噩夢。

## 》購買不動產要多考慮

本書從人口結構與贈與繼承的角度出發，很明確地告訴想要購買房屋的朋友，未來的10年，台灣的房地產價格將會相當便宜，而且有著很低的利率。但是習慣於房價不斷上漲的市場，很多人不太相信此一趨勢。因此，未來當房價下跌的時候，一定會有很多人進場，從長線來看，房價不太可能會暴跌，而是呈現緩跌的走勢，或者是有些時候會暴跌，但還是會上揚。

在這段走跌的趨勢中，每個人還是要有處所居住，最好的選擇就是租房子。個人不喜歡擁有資產的概念，因為看久了房子，發現購屋品質都難以達到一定水準，所以即使常常到處看房子但都不會下手買房子。每次地震總是會有房子倒塌，如果你一輩子才將畢生積蓄買了一棟房子，結果房子一倒塌，建商早就已經倒閉，要向國家主張國家賠償又曠日廢時，更慘的是房貸還沒有繳完，該如何面對人生呢？房地產在未來將偏向於負債，而不是能讓你定期獲利的資產，如果真的要選購不動產，要用更謹慎的態度選購，可不要像買漢堡一樣傻傻地花大錢買「負債」。

## 》戰勝你的大腦

大腦的研究是我最近 10 年重點發展的項目。

這個議題很難理解，也不太受人們所重視，但我卻認為這是投資獲勝的「最後 1 哩路」。6 個月中階高手、3 年頂尖高手、10 年開始賺錢，要成為高手並不難，只要用心學習，3 年就可以達成目標，但是真正要賺錢，卻還有著 7 年的落差，這 7 年的落差就在於戰勝大腦、完成內心修練。

人的大腦有很多缺點，像是懶惰、喜歡聽專家的話、明牌，以及橫向比較優於深度分析、隨著市場熱度而聞雞起舞、永遠覺得自己最強、只喜歡熟悉的投資標的等，這些缺點是天生下來就存在的，主要原因在於大腦很小卻要完成很多事情，所以會儘量讓選擇外包、透過比較來做出決定、聽專家、明牌比較省耗能。另外多年演化的結果，讓我們內建從眾效應的基因，在熟悉的環境生存機率高，這些就是行為經濟學、演化理論歸納出來的重點。

跟隨著展望理論的發展，我們能理解系統一與系統二的運作模式，讓兩者合作得更為緊密，而不會互相干擾，讓我們在正確的訓練下，讓自己擁有快速判斷結果的直覺，而不是憑著射飛鏢型態的直覺來進行投資。

第 8 章占整本書 30% 的內容，正是讓我們修練大腦的第一步。

## 》永續經營的概念

幾年錢，我的投資座右銘只有 12 個字「專注本業、開發副業、投資理財」。安格斯‧丹頓獲得了 2015 年諾貝爾經濟學獎，翻找了一下他的著作，在其《財富大逃亡》一書中在分析人是自私的議題時，

提到了「誰砍倒了復活節島的最後一顆樹」，思考著那位砍到復活節島最後一棵樹的人，當時腦袋到底在想什麼？

很幸運，我當時不知道復活節島這個故事，上網搜尋了一下這一則故事的原委，發現是介紹一個小島中，人們為了爭奪資源，會瘋狂地摧毀這個小島，正如同全球數量不斷攀升的人類正在環境保護與經濟成長中拔河。世界極端氣候讓台灣從只有高山下雪，到連桃園市區都可以見雪，這不是一場美麗的雪景，而是上帝告訴我們的一個警訊。

回到人口結構這個問題，當世界正面臨人口快速成長，台灣卻面臨人口快速減少與老化的趨勢，大家很擔心失去了人口紅利，台灣的經濟成長將會崩潰。可是，其實不必太悲觀，這不過是是借給我們休養生息的機會，地球的資源有限，無法供應無限成長的人類，人口變少，也許日子會辛苦點，但對於下一代卻是美好的開始。

過年的時候會去養老院看一下外婆與媽媽，他們會帶著我到頂樓的菜園，分享他們種植的成果，整個菜園隨時都有養老院其他的老伯伯、老婆婆們，他們也會分享栽種的經驗，還會拔了很多番茄、香菜、萵苣等給我帶回去嚐嚐。每次談到投資理財，臉書好友沛鈺總是會提醒一件事情：生活可以很簡單。每次的提醒都讓我想起媽媽菜圃的故事，希望能透過媽媽菜圃的經驗告訴各位一件事情，人生可以很簡單，如同以前國文念過一段孔子大弟子顏回的生活「一簞食，一瓢飲，在陋巷，人不堪其憂，回也不改其樂。賢哉回也！」為何我們不能當顏回呢？

投資理財，追求的是尊嚴的日子，不是恣意消耗地球資源。

## 《圖解法學緒論》

**法學緒論難讀易混淆**
**圖例解析一次就看懂**

　　法學緒論難以拿高分最大的問題在於範圍太廣，憲法、行政法、民法、刑法這四科，就讓人望而生畏、頭暈目眩了。筆者將多年分析的資料整理起來，將歷年菁華考題與解析集結成冊，讓讀者能隨時獲得最新的考題資訊。

## 《圖解行政法》

**行政法體系龐雜包羅萬象**
**圖解行政法一本融會貫通**

　　本書以考試實務為出發點，以理解行政法的概念為目標。輔以淺顯易懂的解說與一看就懂的圖解，再加上耳熟能詳的實例解說，讓你一次看懂法條間的細微差異。使你實力加分，降低考試運氣的比重，那麼考上的機會就更高了。

## 《圖解憲法》

**憲法理論綿密複雜難懂**
**圖例解題讓你即學即用**

　　反省傳統教科書與考試用書的缺點，將近年重要的憲法考題彙整，找出考試趨勢，再循著這條趨勢的脈絡，參酌憲法的基本架構，堆疊出最適合學習的憲法大綱，透過網路建置一套完整的資料增補平台，成為全面性的數位學習工具。

# 最深入淺出的國考用書

## 《圖解民法》

民法千百條難記易混淆
分類圖解後一次全記牢

　　本書以考試實務為出發點，由時間的安排、準備，到民法的體系與記憶技巧。並輔以淺顯易懂的解說與一看就懂的圖解，再加上耳熟能詳的實例解說，讓你一次看懂法條間的細微差異。

## 《圖解刑法》

誰說刑法難讀不易瞭解？
圖解刑法讓你一看就懂！

　　本書以圖像式的閱讀，有趣的經典實際案例，配合輕鬆易懂的解說，以及近年來的國家考試題目，讓讀者可將刑法的基本觀念印入腦海中。還可以強化個人學習的效率，抓準出題的方向。

## 《圖解刑事訴訟法》

刑事訴訟法難讀易混淆
圖解案例讓你一次就懂

　　競爭激烈的國家考試，每一分都很重要，不但要拼運氣，更要拼實力。如果你是刑事訴訟法的入門學習者，本書的圖像式記憶，將可有效且快速地提高你的實力，考上的機率也就更高了。

## 《圖解國文》

典籍一把抓、作文隨手寫
輕鬆掌握國考方向與概念

　　國文，是一切國家考試的基礎。習慣文言文的用語與用法，對題目迎刃而解的機率會提高很多，本書整理了古文名篇，以插圖方式生動地加深讀者印象，熟讀本書可讓你快速地掌握考試重點。

# 最輕鬆易讀的法律書籍

## 《圖解數位證據》

讓法律人能輕鬆學習
數位證據的攻防策略

數位證據與電腦鑑識領域一直未獲國內司法機關重視，主因在於法律人普遍不瞭解數位證據，導致實務上欠缺審理之能力。希望藉由本書能讓法律人迅速瞭解數位證據問題的癥結所在，以利法庭攻防。

## 《資訊法律達人》

上傳影音合法嗎？盜版軟體該不該用？
詐騙資訊怎分辨？木馬程式如何防範？

現代人的工作與生活，已經離不開電腦以及網路，你可知道由連上網路、瀏覽網頁、撰寫部落格、到下載及分享MP3，可能觸犯了多少法律規範及危機？本書深入淺出地告訴你該如何預防及事後處理。

## 《圖解不動產買賣》

買房子一定要知道的100則基本常識！
法律達人說：這是一本讓你一看就懂的工具書

大多數的購屋者都是第一次，可是卻因為資訊的不透明，房地產業者拖延了許多重要法律的制定，導致購屋者成為待宰羔羊。作者希望本書能讓購屋者照著書中的提示，在購屋過程中瞭解自己在法律架構下應有的權利。

# ── 最全方位實用書籍

## 《圖解魅力學 人際吸引法則》

好人緣不是天生，善用技巧，就能成為魅力高手！

　　從系統一（感性）與系統二（理性）觀點出發，瞭解大腦思考模式和行為心理學，不只可以運用在人際關係，市場行銷上更是隨處可見，運用這些行銷手法，就能建立自我品牌形象，成功推銷自己、打造好人緣！

## 《圖解小文具大科學 辦公室的高科技》

給追求知識與品味生活的文具迷，一本不可不知的文具科學圖解書。

　　文具產業可說是科學技術發展的博物館，集結了現代科學如數學、化學、光學等技術之精華，本書挑選常用的代表性文具，解析其發展歷程與科學祕密，透過本書上一堂令人驚嘆的文具科學課！

## 《圖解人體解密 預防醫學解剖書》

瞭解人體的奧妙，
自己的身體自己保養。

　　醫學相關知識在一般人的印象中是難懂的，作者用淺顯易懂的例子搭配圖解，從功能性著手介紹人體組織架構，從最小的細胞到全身的器官、骨骼；從外在皮膚到內部器官運作，藉此掌握養生祕笈。

## 《圖解二十一世紀資本論 皮凱提觀點完全解說》

皮凱提經濟分析的濃縮精華書！

　　「二十一世紀資本論」究竟在談論什麼？為什麼能風靡全球？專為那些沒時間看或看不懂的讀者，統整5個章節、80項主題，從讀者最常遇到的問題點切入，配合圖解、深入淺出地解說皮凱提的經濟觀點。

國家圖書館出版品預行編目(CIP)資料

圖解理財幼幼班2：數據迷思與投資情緒／錢世傑著.
-- 第一版.
-- 臺北市：十力文化，2017.03
-- 320面；12.8X18.8公分

ISBN　978-986-93440-5-0 (平裝)
1. 理財　2. 投資心理學

563　　　　　　　　　　　　　　　　　　　　106002580

# 圖解理財幼幼班2：數據迷思與投資情緒

作　　者　錢世傑

責任編輯　吳玉雯
封面設計　陳琦男
書籍插圖　劉鑫鋒
美術編輯　陳瑜安

出 版 者　十力文化出版有限公司
發 行 人　劉叔宙
公司地址　11675台北市文山區萬隆街45-2號
通訊地址　11699台北郵政93-357信箱
電　　話　（02）2935-2758
網　　址　www.omnibooks.com.tw
電子郵件　omnibooks.co@gmail.com
劃撥帳號　50073947

I S B N　978-986-93440-5-0
出版日期　2017 年 3 月
版　　次　第一版第一刷
書　　號　D703
定　　價　320元

地址：

姓名：

## 十力文化出版有限公司　企劃部收

地址：11699 台北郵政 93-357 號信箱

傳真：(02) 2935-2758

E-mail：omnibooks.co@gmail.com

# 讀 者 回 函

　　無論你是誰，都感謝你購買本公司的書籍，如果你能再提供一點點資料和建議，我們不但可以做得更好，而且也不會忘記你的寶貴想法喲！

姓名／　　　　　　　　　　　性別／□女 □男　　　生日／　　　年　　　月　　　日
聯絡地址／　　　　　　　　　　　　　　　　連絡電話／
電子郵件／

職業／□學生　　　　□教師　　　　□內勤職員　　□家庭主婦　　　□家庭主夫
　　　□在家上班族　□企業主管　　□負責人　　　□服務業　　　　□製造業
　　　□醫療護理　　□軍警　　　　□資訊業　　　□業務銷售　　　□以上皆是
　　　□以上皆非　　□請你猜猜看
　　　□其他：

## 你為何知道這本書以及它是如何到你手上的？
　　請先填書名：
　　□逛書店看到　□廣播有介紹　　□聽到別人說　□書店海報推薦
　　□出版社推銷　□網路書店有打折　□專程去買的　□朋友送的　　□撿到的

## 你為什麼買這本書？
　　□超便宜　　　□贈品很不錯　　□我是有為青年　□我熱愛知識　□內容好感人
　　□作者我認識　□我家就是圖書館　□以上皆是　　　□以上皆非
　　其他好理由：

## 哪類書籍你買的機率最高？
　　□哲學　　　　□心理學　　　□語言學　　　□分類學　　　□行為學
　　□宗教　　　　□法律　　　　□人際關係　　□自我成長　　□靈修
　　□型態學　　　□大眾文學　　□小眾文學　　□財務管理　　□求職
　　□計量分析　　□資訊　　　　□流行雜誌　　□運動　　　　□原住民
　　□散文　　　　□政府公報　　□名人傳記　　□奇聞逸事　　□把哥把妹
　　□醫療保健　　□標本製作　　□小動物飼養　□和賺錢有關　□和花錢有關
　　□自然生態　　□地理天文　　□有圖有文　　□真人真事
　　請你自己寫：